KB017762

업무에
바로 써먹는
수학
사고력

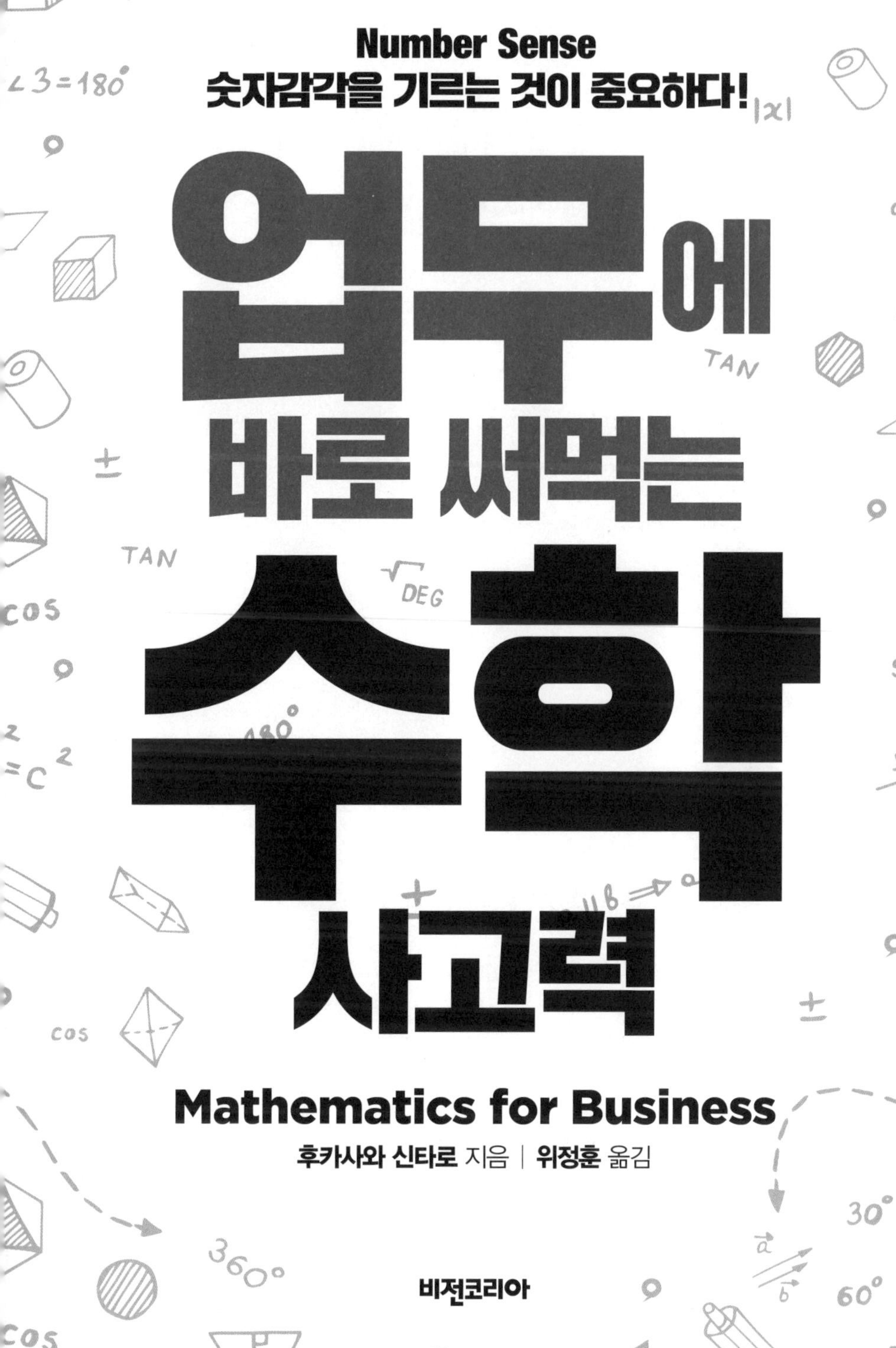
Number Sense
숫자감각을 기르는 것이 중요하다!
업무에
바로 써먹는
수학
사고력
Mathematics for Business
후카사와 신타로 지음 | 위정훈 옮김
비전코리아

이 책을 미리 읽은 베타테스터 한 마디

학교에서 배운 수학이 직장생활을 하면서 아무런 쓸모도 없다고 생각했습니다. 사실상 제가 일상생활에서 사용하는 수학이라고는 덧셈, 뺄셈, 나눗셈, 곱셈 정도뿐이니까요. 그러나 이 책을 읽으면서 수학이 얼마나 중요한지 깨닫게 되었습니다. 문과 출신이라 평소에 수학은 거들떠보지도 않았는데 수학적 사고를 통해 업무의 효율성을 높일 수 있다는 사실만으로 무척 추천하고 싶은 책입니다.

_권오태(33세 회사원)

마케팅 부서에서 일하다 보면 예상치 못한 변수 때문에 늘 애를 먹습니다. 예상 매출, 손익분기점, 주 고객층 등을 파악하는 게 쉽지 않아 항상 고민이었습니다. 그래서 이런 저런 마케팅 책을 찾아보곤 했는데 이 책은 가장 중요한 건 바로 수학이었다는 점을 알게 해주었습니다. 수학만 제대로 알아도 데이터를 정확하게 파악하여 변수를 예측하는 데 도움이 되더라고요.

_유지혁(33세 마케터)

이과를 나와 나름대로 수학을 잘 알고 있다고 생각했으나 수학을 업무에 활용하는 방법에 대해서는 무지했던 것 같습니다. 이 책을 통해 학창시절에 배웠던 수학을 다시 짚어보며 업무 능력을 높일 수 있었습니다.

_유재영(32세 프로그래머)

저는 사람들을 만나는 일을 하기 때문에 수학이 제 업무와는 전혀 상관없다고 생각했습니다. 막연히 회계 같은 업무에서만 필요하다고 여겼거든요. 그런데 수학이 제 업무와 많이 밀접하다는 사실을 알게 되었습니다. 더치페이뿐만 아니라 사람들의 이야기를 듣고 그 이야기를 통해 추리하는 것도 수학적 능력이라고 하니…… 왠지 지금부터라도 수학과 친해져야겠다는 각오가 생기게 하는 책이었습니다.

_**이주성**(30세 프리랜서)

처음에 '직장인을 위한 수학책'이라는 말을 들었을 때 '어렵다'는 생각부터 떠올랐습니다. 학교 다닐 때 수학을 가장 싫어했거든요. 그런데 책을 읽을수록 '어렵다'는 사라지고 '재밌다'는 생각이 강해졌습니다. 중학교 수준의 수학만 알면 누구든지 이해할 수 있는 내용이더군요. 저처럼 평범한 직장인도 수학 알레르기에서 벗어나 수학적으로 사고하고 말하기가 가능해지도록 해주는 책입니다.

_**김현태**(31세 회사원)

사회 초년생이라 아직 서투른 게 많아 업무에 도움이 될 만한 책을 찾다 이 책의 출간 전 모니터 모집 글을 보게 되었습니다. 과연 제 업무력을 얼마나 향상시켜줄지 궁금했는데 아니나 다를까 실제 업무를 도와줄 만한 아이디어가 많네요. 프레젠테이션을 할 때나 업무일지를 쓸 때, 심지어 회의를 진행할 때도 수학적 사고가 꼭 필요하다는 것을 알게 되었습니다.

_**이제희**(28세 회사원)

저자의 말

업무에 꼭 필요한 수학 재미있게 배우기

뜬금없는 질문을 하나 해보자. 수학, 하면 어떤 이미지가 떠오르는가?

· 어렵다

· 정답이 나오면 재미있을 것 같긴 하지만……

· 학창시절 포기한 과목이었다

· 태생적으로 나한테는 무리

상당히 좋지 않은 이미지다. 그렇다면 '수학 전문가' 하면 어떤 이미지가 떠오르는가?

· 머리가 좋을 것 같다

· 친해지기 어려울 것 같다

· 사람들과 소통을 잘 못할 것 같다
· 인기가 없을 것 같다
· 특이한 사람

위의 대답은 모두 내 주변인들이 한 말이다. 역시 형편없는 이미지다. 물론 긍정적인 이미지를 갖고 있는 사람도 있을 것이다. 그러나 현실적으로 부정적인 이미지를 가진 사람이 많다. 일부 수학 팬을 제외하고 대다수 사람은 수학에 아무 매력도 느끼지 못하고 어른이 되어버린다.

그러나 이 책을 쓴 나는 앞의 이미지와는 거의 정반대다.

· 머리는 나쁘지 않은 정도다
· 붙임성이 좋은 캐릭터라고 한다
· 사람들과 소통하는 능력이 있다
· 짧은 기간이었지만 인기도 있었다
· 아주 평범한 사람

이 책은 여러분이 일반적으로 생각하는 '수학책'과는 전혀 다르다. 예전에 여러분을 골탕 먹이던 학교 수학을 다시 공부하는 책이 아니라 사회생활에서, 직장생활에서 유용하게 써먹을 수 있는 실용 수학을 가르쳐주기 때문이다. 걱정은 접어두자. 펜과 노트도 필요 없다. 골치 아픈 책도 아니다. 약속장소에서 친구나 연인을 기다리며, 욕조에서 반신욕을 하면서, 잠들기 전 침대에서, 언제 어디서나 읽고 싶을 때 읽고 싶은 만큼만 읽어도 되는 책이다.

나는 까칠한 수학자가 아니고, 꼰대 수학 쌤은 더더욱 아니다. 비즈니스 수학 컨설턴트다. 직장인 여러분, 지금부터 '업무에서 써먹을 수 있는 수학'을 꼭 한 번 배워보자.

참, 중요한 말을 까먹었다. 재미있게!

차례

contents

2장 업무에 당장 써먹는 수학적 사고와 테크닉

3장 수학을 못했어도 걱정하지 말자

4장 수학 알레르기를 어떻게 고칠까

5장 잘 나가는 직장인은 수학으로 일한다

6장 최소한의 수학으로 확 바뀌는 업무

1장

직장인에게 어려운 수학은 필요 없다

01

수학을 알면 일처리가 빨라진다

먼저 전체 그림을 파악한다

"수학? 끔찍하게 싫어했죠!"

"수포자(수학 포기자)였어요……."

이 책은 학창시절에 수학이라면 치를 떨었던 모든 직장인을 위해 쓰였다. 나는 학원에서 수학 강사도 하고 패션 관련 회사에서 월급쟁이 노릇도 했다가 지금은 '비즈니스 수학 컨설턴트'라는 명함을 가지고 전국의 직장인들에게 업무에 꼭 필요한 수학을 가르치고 있다.

그런데 업무용 수학이란 도대체 뭘까? 제1장에서는 여러분의 그런 의문에 답하고 '끔찍하게 싫은' 수학의 이미지를 긍정적으로 확 바꿔주겠다. 일단은 중학교 수준의 수학을 이용하여 잠시 놀아보자. 머리 아프지 않을까 하는 걱정은 그만! 재미있게, 그야말로 읽고 싶은 대로 읽으면 된다.

게임을 하나 해보자. 아래 〈도표 1-1〉의 숫자 나열을 보자. ❶부터 차례로 ❷ → ❸ → ❹ → ❺ → ❻……같이 손가락으로 짚어가면서 숫자를 찾는 건데 30까지 찾아내는 데 몇 초쯤 걸릴까? 아주 간단해 초등학생이라도 재미있게 할 수 있는 게임이다. 시작하기 전에 15초 동안 미리 숫자들을 한 번 훑어본다.

자, 시작!

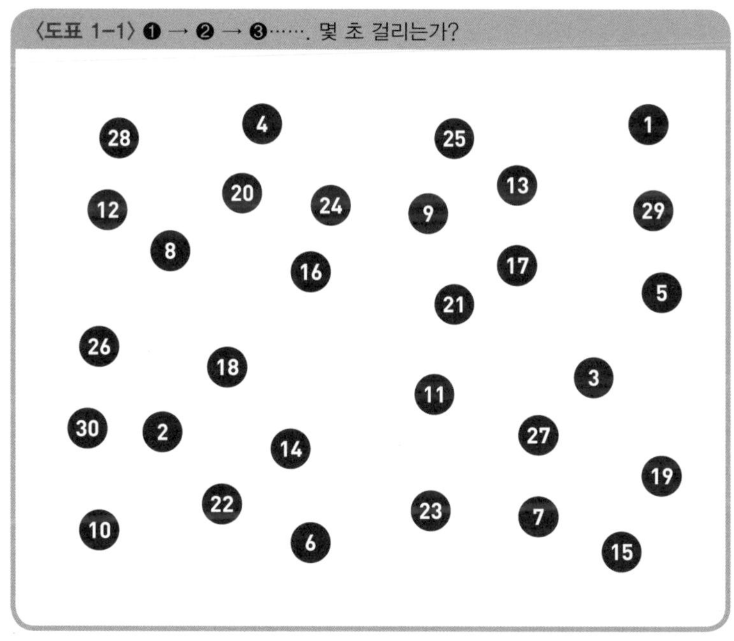

〈도표 1-1〉 ❶ → ❷ → ❸……. 몇 초 걸리는가?

어떤가? 얼마나 걸렸는가? 사람마다 시간차가 상당하다. 보통 나이 든 사람일수록 오래 걸린다. 가족이 함께 해보아도 재미있다.

자, 본론은 여기부터. 이 숫자의 나열을 보고 뭔가 알아차린 것은 없는가? 책을 눈에서 약간 떨어뜨리면 전체가 더 잘 보인다. 비밀을 밝히자면 이 숫자는 아무렇게나 흩어놓은 것이 아니라 네 개의 구역으로 나뉘어 있다. 구체적으로 '4로 나누었을 때의 나머지'로 모여 있다. 예를 들어 4로 나누어 1이 남는 1, 5, 9, 17……은 전부 오른쪽 상단 구역에 있다(〈도표 1-2〉).

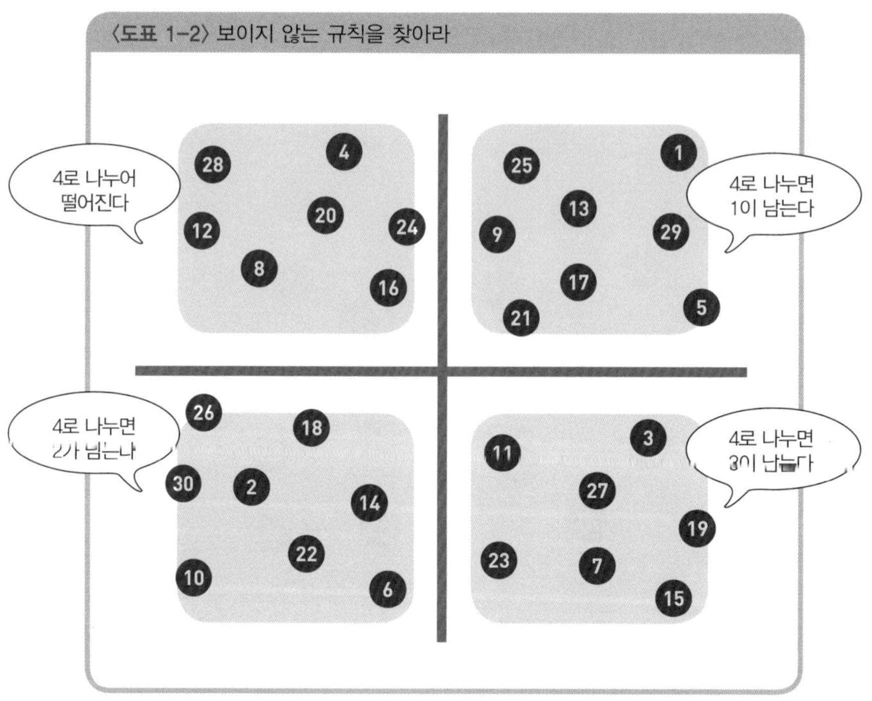

〈도표 1-2〉 보이지 않는 규칙을 찾아라

여기까지 비밀을 밝혔으니 이제 다시 한 번 앞의 게임을 해보자(진짜로 해보기 바란다). 그러면 거의 모든 사람이 훨씬 빨리 찾아낸다. 이것은 무엇을 뜻할까?

먼저 전체의 구조를 파악하면 훨씬 효율적이 된다

많은 자기계발서에도 씌어 있듯이, 너무도 당연한 말이지만 이런 훈련이 되어 있지 않으면 앞의 게임에서도 그저 주어진 대로 1부터 순서대로 찾기만 할 것이다. 그러면 늦는다. 앞의 게임 결과가 증명한다. 게임을 시작하기 전 15초를 준 데에는 그런 의미가 숨어 있었다.

여러분의 직장에도 일을 척척 해내는 유능한 사람이 있을 것이다. 그 사람이 어떻게 빨리 일을 하는지 한번 생각해보라.

02

비즈니스의 정답은 하나가 아니다

답만 계산하는 수학은 필요 없다

간단한 게임이다. 다음 수식이 성립하도록 음이 아닌 한 자릿수 정수를 두 개의 네모에 넣어보자(음이 아닌 정수란 마이너스가 아니란 뜻이다).

□-□=5

답은 6과 1.

그 밖에는 없을까? 7과 2도 있다. 이런 식으로 생각하면 다음과 같은 조합이 나온다.

(6, 1) (7, 2) (8, 3) (9, 4)

이게 다일까? 뭔가 잊은 건 없는가? 그렇다, 바로 0의 존재다. 의외로 우리는 0을 자주 잊어버리곤 한다. 정확하게는 이렇게가 된다.

(5, 0) (6, 1) (7, 2) (8, 3) (9, 4)

이쯤에서 예전 수학시간에 배웠던 사칙연산(수에 관한 덧셈·뺄셈·곱셈·나눗셈 네 종류의 계산법)을 떠올려보자. 아마도 이랬을 것이다.

먼저 규칙을 배운다(곱셈, 나눗셈을 덧셈, 뺄셈보다 먼저 한다 등)

↓

그것에 따라서 주어진 계산을 한다

↓

정답이 나오면 끝!

예를 들어 '9－4＝?'이라는 문제가 나왔다고 하자. 여러분은 '5'라고 대답한다. '참 잘했어요!' 선생님의 칭찬을 듣는다. 그걸로 끝이다. 그리고 '6＋3＝?' 하고 다음 문제로 넘어간다. 곰곰이 생각해보면 친절한 선생님이 정답을 구하는 구체적인 방법을 일일이 알려주기 때문에 학생들은 전혀 다른 생각을 할 필요 없이 자동적으로 대답을 말한다는 사실을 알 수 있다. 그러나 앞에서 말한 게임은 전혀 다르다. 이 게임의 본질은 무엇일까?

결과를 제시하고 그 결과가 나오려면 어떤 조합이 필요한지를 생각한다

이제 비즈니스 이야기로 돌아가보자. 업무 현장에서는 결론이 정해져 있는 경우가 대부분이다. 예를 들어 올해 예상 이익은 10억 엔이라고 하자. 이때 여러분은 매출을 □억 엔, 비용은 되도록 줄여서 △억 엔이라고 하여 □-△=10억 엔이 된다는 식으로 생각하면서 업무를 수행할 것이다. 앞에서 예로 든 게임처럼 결과부터 거꾸로 계산해서 빈 네모를 채워가는 작업이다.

예를 하나 더 들어보자. 일반적으로 목표 매출은 평균 단가, 고객 수, 평균 구입 횟수를 곱해서 산출한다. 그래서 비즈니스맨은 각각의 수치를 어떻게 설정해서 조합하면 달성될지를 생각한다. 다시 말하면 비어 있는 세 개의 네모를 메우는 것이 담당자의 업무다. 그리고 정답은 결코 하나가 아니다.

□-□=이익

□×□×□=매출

수학시간에 '9-4 =?'에 대한 정답만 구하면 끝이라고 교육을 받았던 여러분, 이제부터라도 늦지 않았다. 먼저 결론(해답)을 정하고 그다음에 □을 채워넣는 형태로 업무 사칙연산을 연습해보자. 이런 식의 사고습관은 능력 개발이나 두뇌 트레이닝에도 크게 도움이 된다. 실제 업무 현장에서도 많이 활용되니 반드시 시도해보자!

03

똑똑하게 더치페이하자

대충과 플러스냐 마이너스냐로 생각하기

신나는 금요일 퇴근 후, 직장 동료들과 가볍게 한잔하기로 했다. 삼겹살에 소주로 한 주의 피곤을 털고 슬슬 자리를 정리할 시간이다. 모두 주머니 가벼운 월급쟁이니 술값은 깔끔하게 더치페이를 하기로 결정했다. 당신은 스마트폰을 꺼내 전자계산기를 두드리려 한다. 하지만 잠깐! 그것으로 어떻게 계산을 할 것인가?

문제

다섯 명이서 19,220엔을 더치페이하기로 했다. 두 명은 여성이므로 좀 깎아줄 생각이다. 자, 당신이 총무(남성)라면 어떻게 할 것인가?

1인당 금액을 계산하고 싶은 것이니 19,220÷5=3,844엔, 여성은 좀 깎아줄 생각이니…… 여성 한 명당 3,500엔이라고 하면 344엔의 차액이 생기니까 남성은……. 이런 식으로 계산하려면 머리에 쥐가 날 것이다. 좀 더 멋있게 계산할 수는 없을까?

내가 말하기 전에 먼저 생각해보자. 앞에서 이야기한 계산 방식이 왜 머리에 쥐가 날 것 같은지 말이다. 혹시 여러분은 무슨 일이든 깐깐하게, 정확하게 처리하는 타입인가? 엄밀하게 하는 것이 '옳다'고 생각하는가? 더치페이를 멋지게, 그리고 스마트하게 하는 포인트는 바로 이것이다.

일단 '대충' 계산한다

구체적으로 설명해보겠다. 총액 19,220엔은 대충 20,000엔으로 어림잡는다. 그렇게 하면 다섯 명이 내야 할 각각의 금액은 단순한 나눗셈으로 20,000÷5=4,000엔이 된다. 그다음 여자를 고려하면 20,000-19,220=780엔이 차액이므로 390엔씩 돌려주면 된다. 그러나 390엔이라는 금액은 좀 찝찝하다. 그렇다면 한 번 더 대충 계산해서 400엔씩 돌려주자. 20엔의 오차는 총무가 남자답게 부담하면 된다. 이렇게 똑똑한 더치페이로 술값을 계산하면 술자리는 깔끔하게 정리된다.

〈도표 3-1〉 19,220엔을 다섯 명이 더치페이한다면?

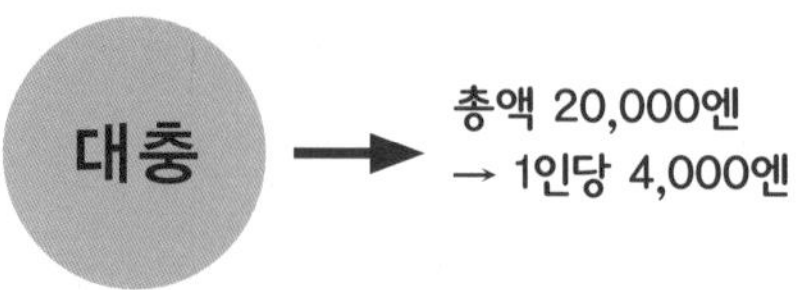

실제 지불액과의 차이는 20,000 - 19,220 = 780

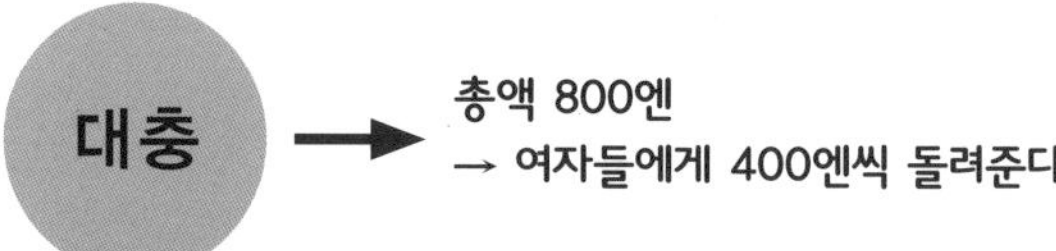

∴ 20엔의 오차는 총무가 부담. 깔끔한 더치페이!

더치페이 관련 두뇌 트레이닝 문제를 하나 더 해보자.

문제

X, Y, Z 세 사람이 갑자기 당일치기 출장을 가게 되었다. X는 고속버스비 16,400엔, Y는 점심식사대 4,700엔, Z는 거래처 선물 비용 2,600엔을 지불했다. 이것과 별도로 X는 Y에게 4,000엔을 빌렸다. 빌린 돈을 포함해서 모두 정산하려면 누가 누구에게 얼마를 주면 될까?

복잡해 보이는가? X가 빌린 돈이 문제를 더 꼬이게 만들고 있기는 하다. 평소 계산이라고 하면 전자계산기부터 꺼내는 사람이라면 뭐부터 먼저 해야 할지 살짝 고민이 되기도 할 것이다. 그러나 여기에서 고려해야 할 중요한 개념은 '지불한다'와 '받는다'는 두 종류뿐이다. 즉 플러스와 마이너스다. 문제에 나오는 숫자를 플러스와 마이너스로 해석만 하면 된다.

자, 한 번 풀어보자.

먼저 누가 지불했는지에 상관없이 출장에 들어간 돈의 총액을 구해보자.

16,400 + 4,700 + 2,600 = 23,700엔

	각자의 출장 경비	각자의 선 지불액	x가 빌린 돈		각자의 정산 금액
X	−7,900	+16,400	−4,000	→	4,500엔
Y	−7,900	+4,700	+4,000	→	800엔
Z	−7,900	+2,600	—	→	−5,300엔

이것을 세 명으로 나누어 1인당 출장 비용을 구한다.

23,700 ÷ 3 = 7,900엔

이 금액은 각자가 실제 출장에서 쓴 돈이므로 마이너스다. 그리고 X, Y, Z가 먼저 지불한 금액은 정산할 때 '받게' 되므로 플러스다. X가 Y에게 빌린 돈도 X는 '지불'하는 것이 되므로 마이너스, Y는 '받는' 것이 되므로 플러스로 표시하여 표처럼 정리한다. 계산하면 최종 금액이 나온다.

X는 Z한테 4,500엔을 받고, Y는 Z한테 800엔을 받으면 끝!

정산을 하는 것이므로 표의 맨 오른쪽에 있는 숫자를 합산하면 반드시 0이 된다. 그렇지 않다면 어딘가에서 플러스, 마이너스 해석을 잘못한 것이다.

그런데 더치페이 문제와 비즈니스가 무슨 관계가 있을까? 앞

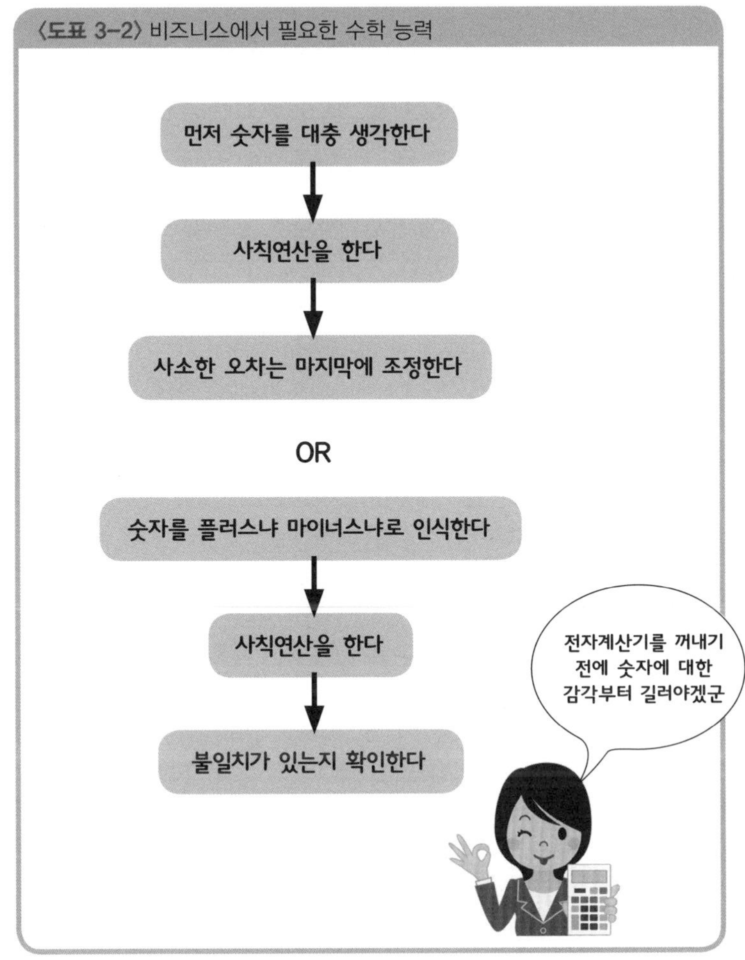
〈도표 3-2〉 비즈니스에서 필요한 수학 능력
먼저 숫자를 대충 생각한다
사칙연산을 한다
사소한 오차는 마지막에 조정한다
OR
숫자를 플러스냐 마이너스냐로 인식한다
사칙연산을 한다
불일치가 있는지 확인한다
전자계산기를 꺼내기 전에 숫자에 대한 감각부터 길러야겠군

에서도 말했듯이 우리는 무의식중에 매사에 세세하고 정확한 것이 '좋다'고 착각하는 경향이 있다. 물론 비즈니스에서는 딱 떨어지게 정확해야만 하는 경우도 있다. 결산 숫자나 매일의 매출 등 경영 지표는 반드시 정확해야 한다. 그러나 다른 한편으로 계

산이 반드시 정확하게 맞아떨어질 필요가 없는 상황도 상당히 많다. 다음 분기 매출을 예측하는데 반드시 1엔 단위까지 정확하게 시뮬레이션할 필요가 있을까? 갑자기 열린 회의에서 사용할 자료에 정확한 수치가 필요할까? 대답은 NO다. 그럴 때는 세세하고 정확하게 숫자를 계산할 필요는 없다. 그리고 사실 일상적인 업무 상황에서는 그런 경우가 훨씬 많다.

게다가 비즈니스에서는 손익개념이 대단히 중요한데 손익은 플러스, 마이너스 둘 중 하나다. 숫자를 플러스냐 마이너스냐로 생각하는 것이 중요하다.

이게 바로 비즈니스에 필요한 '수학 능력'이다. 더치페이 문제를 '하찮은 숫자 놀음'이라고 코웃음 치지 마라. 초등학생도 풀 수 있는 이런 문제에서조차 우리의 접근방식은 크게 다르며, 그 결과는 놀랄 만큼 엄청나다. 앞의 두 가지 문제에서 잽싸게 전자계산기를 꺼내든 당신, 업무에서도 비슷한 실수를 저지르고 있지는 않은지 곰곰이 생각해보자.

04

풀리지 않을 것만 같은 문제에 부딪혔다면

어려운 문제를 다른 것으로 치환하여 해결하는 능력 키우기

추억의 퀴즈에 한 번 도전해보자. 단 중학교 수학에 등장하는 기본적인 개념이 약간 필요하다.

〈도표 4-1〉 셋 중에서 다른 도형은?

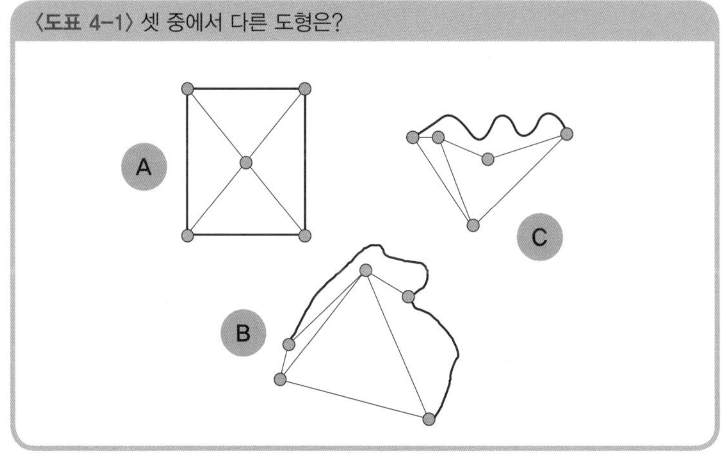

각 도형의 점과 변에 주목하라. 그러면 세 개 중에서 '같은 도형'이라고 해도 될 것 같은 두 개를 찾을 수 있다. 즉 남은 한 개가 다른 도형이다. 찾아냈는가? 정답은 C다.

이 퀴즈에서 A와 B가 '같은 도형'이라고 할 수 있는 근거를 설명해보자. A와 B는 점이 다섯 개, 변은 여덟 개다. 변이 네 개인 점이 하나, 남은 점은 모두 변이 세 개다. 즉 A와 B는 점과 선이 동일한 관계를 유지하면서 모양만 바뀐 것으로 다음과 같이 말해도 된다.

A와 B는 수학이라는 필터를 통해 보면 같은 구조다

여러분의 수학적 지식이나 센스를 묻기 위하여 이 퀴즈를 낸 것은 아니다. 퀴즈의 본질은 이것이다.

같은 구조를 가진 다른 것으로 치환하는 능력

이 능력이 왜 직장인에게 필요할까? 야근 시간이 줄어들지 않는 문제를 생각해보자. '야근을 줄이려면 어떻게 해야 할까?'라는 질문에 사람들은 '아르바이트를 고용한다', '시스템을 자동화한다' 등의 대답을 하곤 한다. 하지만 그런 식으로 문제를 해결하면 기업은 사람(또는 자금)이 아무리 많아져도 언제나 일손이 부족하다. 뛰어난 인재라면 먼저 자신의 선에서 어떻게 해결할지 생각해야 한다.

여기서 '치환' 능력이 등장한다. 야근 문제는 비유하자면 용량이 정해진 그릇에 물을 계속 부어 넘치고 있는 상황과 같다. '물 붓기 문제'로 치환하면 해결방법은 〈도표 4-2〉의 딱 두 가지로 정리된다.

이를 다시 야근 문제로 되돌려서 생각하면 해결책은 A+B라는 결론이 나온다.

〈도표 4-2〉 야근 문제를 다른 문제로 치환한다

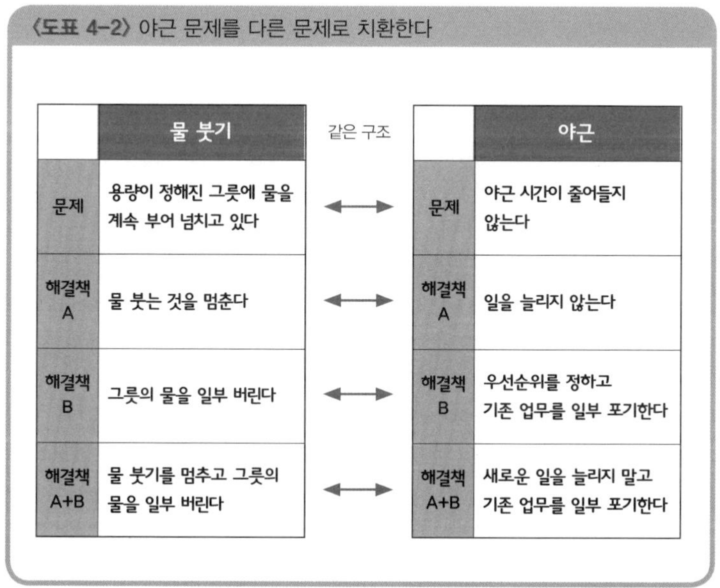

	물 붓기	같은 구조		야근
문제	용량이 정해진 그릇에 물을 계속 부어 넘치고 있다	↔	문제	야근 시간이 줄어들지 않는다
해결책 A	물 붓는 것을 멈춘다	↔	해결책 A	일을 늘리지 않는다
해결책 B	그릇의 물을 일부 버린다	↔	해결책 B	우선순위를 정하고 기존 업무를 일부 포기한다
해결책 A+B	물 붓기를 멈추고 그릇의 물을 일부 버린다	↔	해결책 A+B	새로운 일을 늘리지 말고 기존 업무를 일부 포기한다

수학에 어느 정도 친숙한 사람은 이 '다른 것으로 바꾸는'(치환) 능력이 뛰어나다.

소수로 풀기 힘들면 분수로 바꿔본다

문장 문제를 방정식 문제로 바꿔본다

어떤 도형을 똑같은 구조의 다른 도형으로 바꿔본다

……

이 능력은 수학 문제를 푸는 데에만 유용한 것이 아니다. 직장인이 매일의 업무 현장에서 써먹을 수 있는 대단히 활용도가 높은 사고방식이다. 주위를 잘 관찰해보자.

'이것은 말하자면 ○○○와 같은 거예요.'

이런 식으로 이야기하는 사람이 분명 있을 것이다.

아는 사람 중에 매일의 업무를 "어둠 속에서 권투를 하는 것"이라고 비유한 이가 있었다. 정말 훌륭한 비유다. 유능한 직장인은 '비유를 잘하는' 사람이다.

05

상대방의 거짓말도 간파하는 수학의 힘

수학은 추리 능력을 키워준다

'때론 거짓말도 하나의 방법'이라는 속담이 있다. 또 《손자병법》에는 병자궤도(兵者詭道)라는 말이 나오는데 바로 '싸움에서는 속임수도 필요하다'라는 뜻이다. 이는 총칼없는 전쟁이라고 하는 비즈니스에서 가끔은 유용하게 쓰이는 지침이다.

나 역시 회사에 다니던 시절에는 몇 가지 거짓말을 했다(물론 아주 사소한 거짓말뿐이었다). 그러나 아무리 그래도 거짓말은 거짓말이다. 그렇기 때문에 상대방의 거짓말을 간파할 수 있다면 그것만으로도 비즈니스에서는 우위에 서게 된다. 그래서 거짓말을 꿰뚫어보는 문제를 준비해봤다. 다음의 A, B, C 중 누가 진실을 말하고 있을까?

문제

A과장, B과장, C과장이 각각 다음과 같이 말했다. 실제로 부장으로 승진하는 한 사람만이 진실을 말하고 있다면 누구일까?

A과장: 부장이 되는 것은 B가 아니다.
B과장: 부장이 되는 것은 C가 아니다.
C과장: 내가 부장으로 승진한다.

이 문제에는 어떻게 접근할 것인가? 단순한 계산 문제가 아니니 약간의 요령이 필요하다. 먼저 셋 중 누구든 하나를 선택하여 그의 발언을 진실이라고 가정해보자. 예를 들어 A과장의 발언이 진실이라면 이렇게 된다.

A과장의 발언은 진실(=부장이 되는 것은 A과장)
→ 즉 부장이 되는 것은 B과장이 아니다
→ 또한 B과장의 발언 '부장이 되는 것은 C가 아니다'도 진실
→ A과장과 B과장, 두 사람 모두 진실을 말하고 있는 것이 된다
→ 실제로 부장으로 승진하는 사람은 한 명뿐이므로 모순이 생긴다
→ 모순이 생긴 이유는 A과장의 발언이 진실이라고 가정했기 때문이다
→ 따라서 A과장의 발언은 거짓
→ 그러므로 부장이 되는 것은 B과장이다

부장이 되는 것은 B, 말하자면 진실을 말하고 있는 사람은 B이며, A와 C는 거짓말을 하고 있다는 결론이 나온다. 이것은 가정을 바꿔 다시 추리해보아도 똑같은 결론이 나온다. 한번 해보기 바란다.

'이런 문제는 수학과 관계없잖아!'

이렇게 생각하는 사람도 분명 있을 것이다. 절대 그렇지 않다. 단순히 주어진 규칙대로 계산을 하고 정답을 말하는 것만이 수학이 아니다. 수학이란 인간의 사유에 의해 구성된 추론의 전제로 삼는 명제를 가정하여 올바른 결론을 이끌어내는 모든 과정을 포함한다. 그래서 다른 학문의 기초가 되며 '과학의 언어'라고도 불린다. 즉 가정하고 추정·추리하는 힘이 수학이다. 다음 문제를 생각해보자.

문제

왜 홀수에 3을 더하면 짝수가 될까?

M을 홀수라고 하고 M = 2N이라 가정하자

M + 3이 홀수라고 가정한다

→ M+3=2N+3이 홀수라는 것이 된다

→ 그런데 2N+3=2(N+1)+1은 2로는 절대로 나누어떨어지지 않는다

→ 이것은 M+3이 홀수라는 것에 모순된다

→ 이 모순은 M+3이 홀수라고 가정했기 때문에 발생했다

→ 따라서 홀수에 3을 더하면 짝수가 된다

수학에 추리력이 필요하다는 점은 알겠는데, 아직은 그것이 업무 상황으로 직접 연결되지는 않을 것이다. 수학으로 키워진 추리력은 수많은 업무 상황에서 써먹을 수 있지만 그중에서도 상대방의 발언에 담긴 진짜 의도를 파악할 때 최고다.

'생각해보니 아까 거래처 담당자가 한 말, 좀 이상하지 않아?'

'아까 부장님 설명이 지난주 내용과 다르지 않아?'

'아까 반품해달라고 온 손님의 주장, 앞뒤가 안 맞지 않아?'

그렇다. 앞에서 예로 든 추리 게임은 그냥 놀이가 아니다. 여러 가지 정보를 정리해 모순을 발견할 줄 알면 업무에서도 이런 순간을 '알아차릴 수' 있다. 나는 직장 내 커뮤니케이션 능력, 어학 능력, 엑셀이나 파워포인트 따위의 기계적 기능은 다들 큰 차이가 없다고 생각한다. 그러나 모순을 간파하는 추리력은 개인차가 크다. 지금이라도 늦지 않았다. 반드시 트레이닝해보자.

06

시장점유율 1위가 되려면 어떻게 해야 하는가

학거북산으로 가정하고 오차를 수정한다

'학거북산.'

이런 명칭을 들어본 적이 있는가? 학거북이란 학과 거북을 말하는데 예를 들면 이런 유형이 학거북산 문제다.

문제

학과 거북이 합쳐서 10마리, 다리 수가 합쳐서 32개인 경우 학과 거북은 각각 몇 마리씩인가?

일단 10마리 모두가 학이라고 해보자. 그러면 다리 수는 2×10=20개. 그러나 다리의 합계는 32개이므로 32-20=12개의 오

〈도표 6-1〉 학을 거북으로 바꾸면 다리의 개수는 두 개 더 늘어난다!

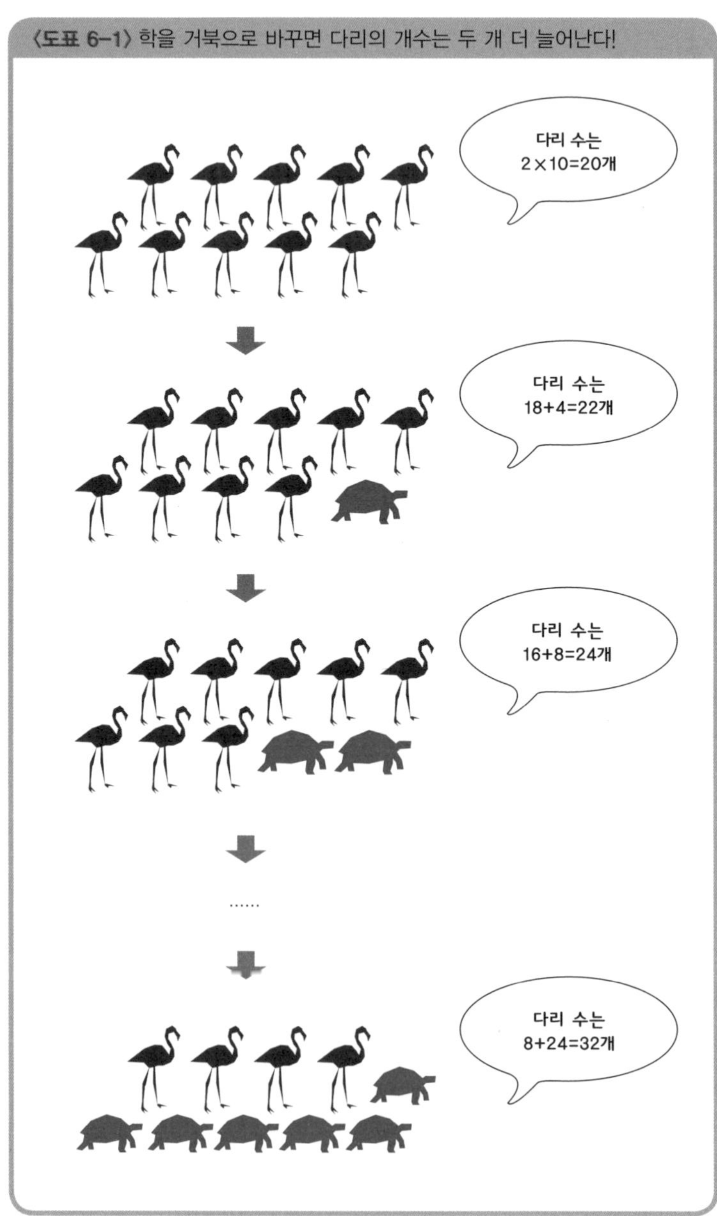

차가 있다. 이 오차를 메우기 위해 학 중에서 몇 마리를 거북으로 바꾼다. 거북은 다리가 네 개이므로 한 마리마다 두 개의 다리가 늘어난다. 12개의 오차를 메우면 되므로 12÷2=6마리로 바꾸면 된다. 따라서 학은 네 마리, 거북은 여섯 마리라고 하면 다리의 수가 32개가 된다(〈도표 6-1〉).

다른 예도 하나 들어보자. '10엔 동전과 50엔 동전, 합쳐서 ○개 있으며 그 합계 금액은□□□엔이다. 자, 각각 몇 개인가?'

이 문제도 학거북산과 완전히 똑같은 구조다. 여기서 여러분에게 한 가지 질문. 그런데 혹시 이런 의문이 생기지는 않았는가?

'학거북산'으로 푸는 방식과 중학교 수학에 등장하는 '방정식', 어느 쪽이 수학적으로 옳은(또는 좋은) 풀이법일까?

그렇다. 위의 문제는 미지의 것을 x와 y로 해 방정식으로도 풀 수 있다. 사실 그 의문은 아주 좋은 지적이다. 그렇다면 여기서 학거북산과 방정식의 차이를 좀 더 알아보자. 물론 풀이법에는 절대적으로 옳은 것도, 틀린 것도 없다. 정답만 나온다면 과정이야 다양해도 상관없다. 그것이 수학만의 재미이자 흥미로운 부분이다. 그러나 관점이 '비즈니스'가 되면 상황은 달라진다. 결론부터 말하자. 업무에 필요한 사고법은 '학거북산'에 숨어 있다. 왜 그럴까?

'예를 들어 ○○로 하여 생각해보는 것이 중요하다'라는 주장은 비즈니스 현장에서도 매일매일 등장하며, 다양한 비즈니스 서적에도 씌어 있다. '가정법'이 정말로 중요하다.

'학거북산'은 '가정하는 법'을 가르쳐준다. 예를 들어 당신의 회사가 시장점유율 1위가 되기 위해서는 어떻게 해야 할까? 단순히 현재 몇 위인지 파악하는 선에서 끝나면 안 된다. 생각의 과정을 학거북산에 대응시키면 이렇게 된다.

일단 전부 학이라고 가정한다	⇔	당사가 시장점유율 1위라고 가정한다
다리의 합계 수가 맞지 않는다	⇔	매출이 ○억 엔 부족하다
학 ○마리를 거북으로 바꾼다	⇔	그 오차를 메꿀 수 있는 □□의 대응으로 커버한다

이에 반해 방정식은 매우 스마트하다. 구하고 싶은 수를 문자로 치환하고, 일체의 모순을 허락하지 않은 채 순서대로 정답까지 착착 도착한다. 정말 유능한 직장인의 합리적인 수법인 것 같다.

그러나 한번 생각해보자. 현실적으로 직장인의 업무는 모순이나 차이의 연속이다. 생각대로 딱딱 아귀가 맞게 진행된 일이 단 한 번이라도 있었는가? 세상에 그런 일은 없다. 예를 들어 목표만큼 매출이 오른 적이 있는가? 비효율적이라는 것을 모두가 알지만 왜 회의는 언제나 길어지는가? 현실이 이렇다면 모순이나 차이의 존재를 순순히 인정하고 그것을 메울 방법을 생각해야 하지 않을까?

그것이 직장인의 자세다.

영업부 사원이라면 '학거북산'의 사고방식을 적용하여 아래와 같은 사고 과정을 거치는 것이 중요하다.

먼저 손님이 우리 제품을 구입했다고 가정한다

↓

그때 손님에게 좋지 않은 일이 일어났다면 그것은 무엇일까

↓

그 일을 상쇄할 제안을 한다

↓

그러면 안 살 이유가 없어진다

'학거북산' 풀이법은 뭔가 주먹구구식 같고 약간 어설픈 느낌이 나지만, 우리에게 중요한 '일단 ○○○이라고 가정하는

법'을 가르쳐준다. 나는 대학생이나 취업 준비생을 상대로 수많은 강의를 하고 있는데 언제나 방정식 대신 '학거북산'으로 문제를 풀어보라고 가르친다. 그 이유는 더 설명하지 않아도 알 것이다.

당신의 회사가
시장점유율 1위라 가정한다면
다음으로 무엇을 하면 될까?

07

싫어하던 수학이 직장생활의 구세주가 된다

직장생활에서 필요한 수학은 초등학교 수준이면 충분

지금까지 학교에서 배운 수학적 사고방식이 다양한 업무에서 활용될 수 있음을 이야기했다. 이건 매우 중요한 개념이므로 다시 한 번 '업무에 사용할 수 있는 수학'이란 무엇인지, 그리고 수학이 직장인에게 어떤 결과를 가져다 주는지 정리해서 이야기해보겠다.

"수학 따위 뭐에 써먹나, 먹고사는 데 필요 없잖아?"

학창시절, 친구들은 수학과 학생이었던 나에게 이런 심술궂은 질문을 많이 했다. 여러분도 그렇게 생각한 적이 있고 지금도 그렇게 여길지 모르겠다. 그런 마음은 충분히 이해한다. 바로 그렇기 때문에 지금 여기서 중요한 사실을 알려주겠다.

	학문으로서의 수학	업무에 사용하는 수학
정의	다섯 가지 능력을 개발하는 수단	비즈니스에서의 문제 해결에 유용한 것
역할	능력 개발	비즈니스에서 활용
내용	초등학교, 중학교, 고등학교 수학	초등학교~중학교 수학 수준 가운데 극히 일부

먼저 학문으로서의 수학은 인간의 다섯 가지 능력 개발에 유용하다. 구체적으로는 '설명하는 힘', '탐구하는 힘', '부정하는 힘', '발상하는 힘', '정리하는 힘'이다(이 다섯 가지 힘에 대해서는 제3장에서 다시 다룬다).

그럼 '업무에 사용할 수 있는 수학'이란 과연 무엇일까? 그것은 수학에서 배운 사고법과 숫자 다루는 방식을 비즈니스 문제 해결에 유용하도록 바꾸는 것이다. 지금까지 풀어본 퀴즈나 문제를 보고 느꼈겠지만, 다 초등학교나 중학교 수학시간에 배운 내용들이다. 그 정도 수준의 수학이면 직장생활에서는 충분하다.

고등학교에서 배운 삼각함수(사인, 코사인, 탄젠트)나 미적분, 복소수 따위의 전문 수학은 비즈니스 업무 현장에서는 전혀 쓸모가 없다(어디까지나 그것 자체가 그렇다는 말이다). 업무에 써먹는 정도라면 중학교 수준의 수학이면 충분하다.

본격적인 업무 수학 이야기는 지금부터다. 제2장부터는 숫자의 함정, 어떤 숫자와 친해질까, 어떻게 수학 알레르기를 극복할까, 그리고 업무에 써먹을 수 있는 수학적 사고나 비즈니스 현장에서 이익을 보는 방법 등, 여러분이 가장 궁금해하는 '당장 써먹을 수 있는' 수학적 사고법과 기술을 소개한다.

TIP

사무실 내기에서 승리 확률을 높이는 필승 전략

오후가 되면 나른해지는 사무실, 슬슬 배도 고파져 사람들은 너도 나도 간식거리를 찾는다. 오늘은 색다른 걸 먹어보자며 예산을 세우고 돈을 모으는데 맨날 부장님에게 내라고 하기에도 눈치 보이고 막내는 심부름하는데 돈까지 내기에는 억울한 생각이 든다. 그럴 때 자주 쓰는 방법은? 바로 사다리타기이다. 사무실에서 사다리타기처럼 모든 이가 흔쾌히 수긍하며 순순히 지시에 따르는 내기 방법도 없다.

그런데 사다리타기는 정말 그렇게 공정한 건가? 아무 조작도 없으며 그 어떤 부정도 끼어들 여지가 없는 건가? 그런데 왜 나는 다른 사람보다 더 많이 걸리는 걸까?

결론부터 말한다면 별다른 생각 없이 직감에만 의존해 번호를 찍는다면 내기에서 이길 확률은 매우 낮아진다.

별것에 다 증명과 실험을 해보는 수학자와 과학자들은 사다리타기에도 1,000번의 시뮬레이션을 해 진짜 당첨확률을 알아보았다. 1번부터 8번까지의 번호가 있는 사다리타기를 그리는데 한 명이 사다리 맨 아래 한 지점에 당첨자 표시를 한 뒤, 그 표시를 가리고 나머지 사람들이 완전 무작위적으로 가로선을 그렸다.

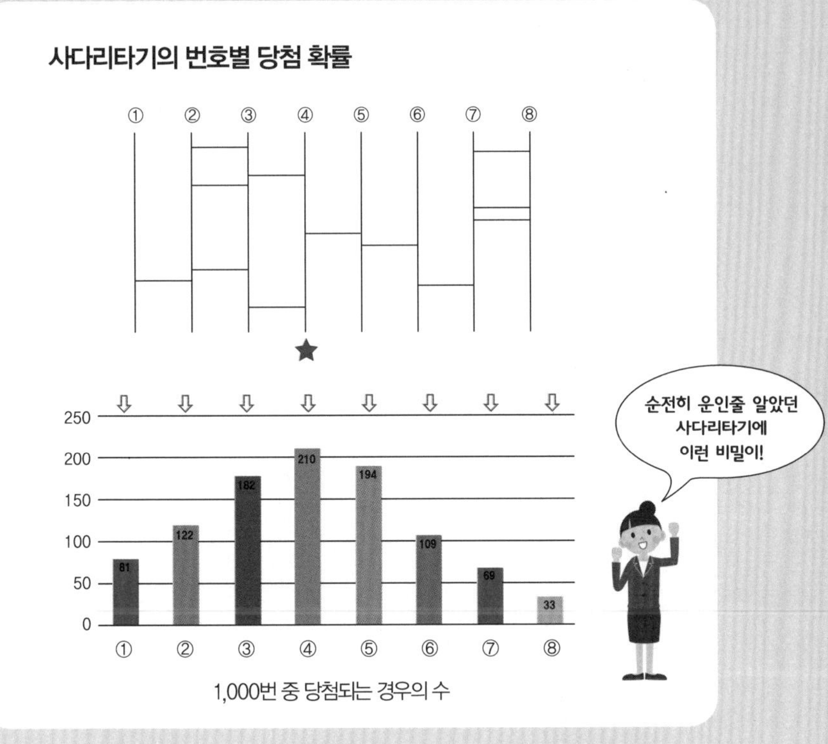

시뮬레이션 결과 1,000번 중 당첨될 확률은 위의 그림과 같다. 이상하게 사람들은 사다리타기를 하면 양쪽 끝선을 먼저 선택하는 경우가 거의 없다. 그러나 중앙부보다 양쪽 끝의 당첨 확률이 현저히 낮다. 수학을 모르면 사무실 내기에서도 '요즘 내가 운이 없네' 하며 매번 돈을 내고 심부름을 다닐 수 있다.

물론 실제가 실험 상황과 완전히 똑같을 수 없으니 확률도 달라지고 아무리 확률이 낮더라도 내가 당첨될 가능성은 여전히 존재한다. 하지만 수학을 알면 불확실한 상황에서도 나름 꾀를 발휘해 위험성을 낮출 수 있다.

출처 – 《빅데이터를 지배하는 통계의 힘》

2장

업무에 당장 써먹는 수학적 사고와 테크닉

08

매출 120퍼센트 증가는 어떤 의미일까

퍼센트(%)를 이해하자

정치가나 연예인들의 실수가 포털사이트 실시간 검색 순위에 오르는 일이 종종 있다. 단순히 '착각'이나 '말실수'로 여길 수도 있지만 한편으로 '그럼 내막은 무엇일까?' 하는 생각이 들기도 한다. 아니 땐 굴뚝에 연기 날 일 없다는 말처럼 실언에는 반드시 뭔가 이유가 있는 법이지 않을까.

아, 서두가 너무 길었다. 서둘러 본론으로 들어가자. 이번 이야기의 주제는 퍼센트(%)다. 퍼센트의 뜻을 모르는 사람은 없을 것이다. 그러나 여기에도 함정이 있다.

우리 회사의 올해 매출액이 전년도의 120퍼센트 늘었습니다!

거래처에서 프레젠테이션을 하며 젊은 사원이 이렇게 말했다. 매출이 늘어나고 있다는 것, 회사 상황이 좋다고 몸과 마음을 다해 호소하고 싶은 심정은 100퍼센트 이해한다. 하지만 이 사원의 말은 뭔가 이상하다. 뭐가 이상하냐고? 흠, 이 말이 이상하다고 생각하지 않은 당신은 숫자와 비율을 제대로 해석하지 못하는 사람이다.

120퍼센트 증가

이것은 어느 정도 늘었다는 의미일까? '50퍼센트 증가'란 전년도 매출의 딱 절반에 해당하는 금액이 늘었다는 것이다. 그렇다면 120퍼센트 증가란……? 그렇다, 두 배가 상승하고 거기에 더해서 전년도 매출액의 20퍼센트만큼을 상승시킨 금액이라는 말이다. 단순하게 생각해보라. 여러분의 직장에서 매출이 전년도의 두 배 이상으로 늘어난 경험을 해본 사람이 있는가? 이것은 그야말로 희귀한 경우일 것이다.

이런 말을 들었을 때 "엇, 그렇게나 많이 늘었다고? 진짜로?"라고 바로 생각하지 않았다면 당신은 수학에서 배운 퍼센트, 즉 비율 개념을 올바르게 이해하지 못하고 있는 것이다. 아마도 앞의 젊은 사원은 이렇게 말하고 싶었을 것이다.

〈도표 8-1〉 비율의 개념을 올바르게 이해하자

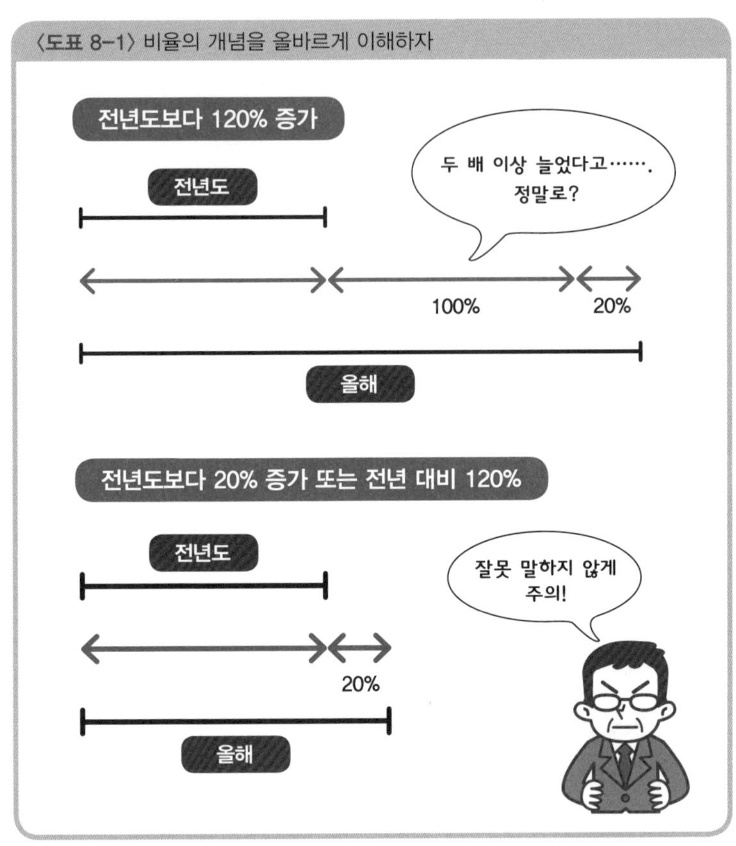

우리 회사의 올해 매출액은 전년도의 20퍼센트 증가입니다

또는

우리 회사의 올해 매출액은 전년 대비 120퍼센트입니다

이것이 올바른 표현이다. 그러나 이렇게 설명하면 딴죽을 거

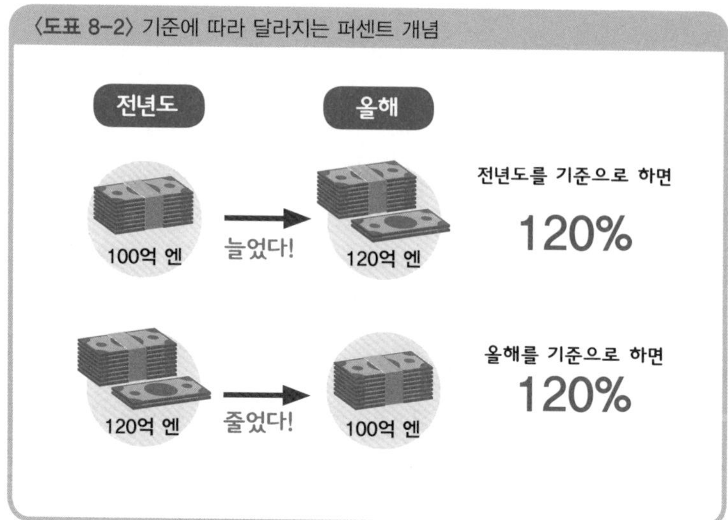

〈도표 8-2〉 기준에 따라 달라지는 퍼센트 개념

는 사람이 반드시 한 명은 있다.

"단순한 말실수 가지고 뭘 그렇게 깨알같이 정색을 하시나요."

과연 그럴까? 아니, 이것은 단순한 말실수가 아니다. 비율의 개념을 올바르게 이해하지 못하고 있는 것이다. 도대체 왜 이런 실수를 하게 될까?

120퍼센트(130이나 140도 되지만)라는 숫자를 듣거나 보면 우리는 무의식중에 긍정적인 이미지를 갖는다. 앞의 예로 말하자면 매출의 증가라는 이미지다.

그러나 비율이란 기준량과 비교하는 양의 나눗셈으로 산출된다. 예를 들어 전년보다 올해 매출이 감소했다 해도 올해 매출을 기준으로 하면 120퍼센트라는 숫자가 등장하는 것이다.

그렇다, 이론상으로는 120퍼센트라는 숫자를 사용해도 감소했다는 사실을 표현할 수 있다. '100퍼센트 이상 → 긍정적(늘었다!)'이라는 인식이 커다란 잘못이라는 것이다. 단순한 말실수로 끝날 문제가 아니다.

대단히 초보적인 실수지만 상대방에게 얕보이게 될 가능성이 높아진다. 프레젠테이션 때 그렇게 말하는 사람을 보고 '쯧쯧, 저 사람 괜찮을까?'라고 생각하는 것은 당연하다. 당신뿐만 아니라 회사까지 창피를 당하게 된다. 회사를 위해서도, 여러분 자신을 위해서도, 이런 초보적인 실수는 절대로 하지 말자.

09

평균의 함정에 쉽게 빠지는 직장인

평균은 정확히 한가운데 존재하는가

제2장에서는 여러분이 앞으로 누군가에게 속아 넘어가거나 농락당하거나 창피를 당하지 않기 위해 필요한 숫자로 '이 나이에 새삼스럽게 물어보기 쑥스러운 것'에 대해 이야기한다. 그중에는 약간 심술궂은 내용도 있겠지만 결국 여러분을 위한 것이니 꼭 참고 읽어보자.

1년쯤 전에 있었던 일인데 이런 뉴스가 일본을 떠들썩하게 했다. 나처럼 수학 교육에 종사하는 사람에게는 대단히 충격적인 뉴스였다.

일본 대학생의 4분의 1은 평균을 정확히 이해하고 있지 않다

무슨 말인지 여러분도 체험해보자. 여기서 퀴즈!

문제

당신이 속한 팀(부서)의 멤버는 다섯 명. 나이는 각각 39세, 24세, 33세, 25세, 34세이다. 이때 이 팀의 평균 연령은 몇 살인가?

답을 구했는가? 그냥 우리 모두가 알고 있는 계산법을 사용하면 된다. 혹시나 하는 마음에 계산을 해보면 다음과 같다.

(39+24+33+25+34) ÷ 5 = 31세

문제

A사 사원 100명의 평균 월급이 38.5만 엔인 경우 다음 가운데 잘못된 내용은 어느 것인가?

① 38.5만 엔보다 많은 사람과 적은 사람이 50명씩 있다.
② 금액을 1만 엔마다 구획을 지으면 가장 사람 수가 많은 곳은 38~39만 엔 구간이다.
③ 전원의 월급을 더하면 3,850만 엔이다.

이 문제는 단순하게 생각해서는 안 된다. 딱 잘라 결론부터 말하면 잘못된 내용은 ①과 ②다. 그 이유를 정확하게 설명할 수 있는가?

먼저 ①을 보자. 평균이 반드시 정확히 한가운데 값(수학에서는 '중앙값'이라는 다른 명칭이 있다)이 된다는 보장은 없다. ② 역시 사람들이 흔히 하는 오해로 평균값 근처에 사람 수가 가장 많다고는 할 수 없다. 그래도 감이 잡히지 않는 사람을 위해 구체적인 비즈니스 상황을 예로 들어보겠다.

문제

아래 표는 어느 메이커의 점포별 두 제품 판매(1개월) 데이터다. 이 숫자를 본 영업부장은 '제품 B는 합격점, A의 판매를 늘리는 것이 중요한 과제다!' 라고 결론지었다. 당신이라면 이 숫자를 보고 어떤 해석을 하겠는가? 영업부장과 같은 판단을 할 것인가?

	제품 A	제품 B
점포 1	32	11
점포 2	71	86
점포 3	22	31
점포 4	28	18
점포 5	77	87
점포 6	75	74
점포 7	79	91
점포 8	10	33
점포 9	83	92
점포 10	80	95
평균	55.7	61.8

아마도 영업부장은 제품 A와 B의 평균 판매값을 보고 이런 결론을 내렸을 것이다. 그러나 바로 여기에 평균의 함정이 존재한다. 예를 들어 제품 A를 살펴보면 평균값인 55.7보다 판매량이 적은 점포와 많은 점포의 수가 일치하지 않는다. 심지어 열 개 점포 중에 평균값에 가까운 값도 존재하지 않는다. 즉 평균은 반드시 정확히 한가운데 값이 아니고 평균값 근처에 개별 수치들이 몰려 있는 것도 아니다.

그럼 이 사례에서는 숫자를 어떻게 해석하면 좋을까? 평균값이 별로 의미가 없다면……. 그렇다! 제품축이 아니라 점포축으로 숫자를 볼 필요가 있다. 점포별로 숫자를 비교해보면 이런 사실을 깨닫게 된다.

물건을 잘 파는 점포는 A, B 두 제품을 모두 잘 팔고 있다

즉 이 경우 문제점은 제품이 아니라 특정 점포의 개선이라는 가설을 세울 수 있다. 평균값에 현혹되지 않으면 이렇게 다른 생각을 할 수 있다. 평균값만 갖고 상황을 분석하고 의사결정을 하는 것은 대단히 위험할 수 있다. 평균값에 관한 이야기는 비즈니스와 숫자를 다루는 대부분의 책에 반드시 나온다. 세미나나 연수에서 이 이야기를 하면 수강생들은 '뭐, 알고 있어요'라

며 시큰둥한 반응을 보인다. 그러나 많은 사람이 비즈니스 현장으로 돌아간 순간, 이 '평균값'의 함정에 말려들고 만다. 그만큼 평균값은 뭔가 특별한 것이며 대단한 뭔가를 우리에게 알려준다는 착각에 빠져 있는 것이다.

10

빨리보다 더 중요한 게 있다

숫자상의 모순과 불합리 간파하기

이쯤에서 한 가지 사실을 고백하자. 나는 계산하는 속도가 늦다.

'그런 사람이 어떻게 비즈니스 수학 컨설팅을 할 수 있지?'

이렇게 생각할지도 모르겠다. 하지만 나의 이 고백에는 아주 중요한 메시지가 담겨 있다.

수학을 잘하는 사람은 계산을 빨리 할 수 있다

이것이 커다란 오해라는 메시지다. 물론 계산이 빠르면 수를 다루는 능력이 탁월하다고 말할 수 있고, 이른바 숫자 알레르기를 가진 사람보다 수학을 잘할 가능성이 훨씬 높기도 하다. 그러나 수학의 본질은 '계산을 빨리 하는 것'이 아니라 '문제를 해결하는 것'이다. 좀 더 극단적으로 말하자면 사람이 손으로 했을 때 30초 이상 걸리는 계산은 그냥 컴퓨터나 전자계산기에게 맡기면 된다.

물론 계산이 빠르다는 것은 놀라운 일이며 여러모로 유용하기도 하다. 그 능력 자체를 부정하는 것은 아니다. 그러나 우리나라에서 가장 빨리 계산을 할 수 있는 사람이 단지 그 능력만으로 어떤 직장에 취직해서 야근 없이 매일매일을 여유 있게 보낼 수 있을까? 그것은 절대로 무리다.

계산 능력이 중요하지 않다고 말하는 것은 아니다. 내가 하고 싶은 말은 '빨리'보다 훨씬 중요한 것을 우리가 잊고 있다는 사실이다. 그것은 바로 이것이다!

'이 계산 결과 뭔가 좀 이상한 것 같은데?'를 알아차리는 능력

구체적인 예를 들어보겠다. 2011년 3월 11일, 동일본대지진이 도호쿠 지방을 덮쳤다. 기억하는 사람이 있을지 모르지만 당시 어느 회사가 발표한 사고 조사 데이터에 '자릿수가 틀린' 사실이 발각되어 나중에 사죄하고 정정한 일이 있어, 일본인의 수학 능력 저하를 나타내는 사례로 크게 화제가 되었다. 이 또한

'뭔가 좀 이상한 것 같은데?' 하고 누군가가 알아차렸다면 발생하지 않았을 해프닝이다.

그럼 '이 계산 결과, 좀 이상한 것 같은데?' 하고 알아차리는 '멋지고 폼나는' 능력은 어떻게 기를 수 있을까? 이 책에서는 한 가지 구체적인 사고법을 제안한다.

다음 문제는 대규모 IT기업(구글 등)이나 컨설팅 회사의 입사 시험에 자주 출제됐던 유명한 유형이다.

문제

덤프트럭 한 대의 화물칸에 실을 수 있는 골프공의 최대 개수는 약 5만 개다. 이것은 옳은지 그른지를 추정하라.

'그걸 어떻게 확인할 수 있겠어!' 이런 여러분의 비명소리가 들려오는 것 같다. 그렇다. 실제로는 확인할 수 없다. 그렇다면 지금 우리에게 필요한 건 무엇? 계산 속도나 정확성 따위가 아니라 추리해서 맞는지 틀린지를 판단하는 능력이다. 자, 함께 생각해보자(〈도표 10-1〉).

덤프트럭의 화물칸을 그냥 하나의 커다란 '상자'라고 생각하기에 이미지화하지 못하는 것이다. 좀 더 작은 단위의 '상자'를

<도표 10-1> 덤프트럭의 화물칸에 골프공은 몇 개나 들어갈까?

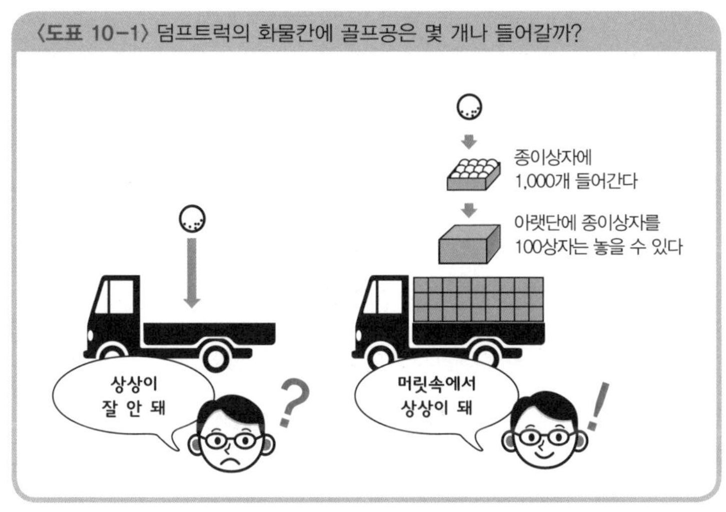
종이상자에
1,000개 들어간다
아랫단에 종이상자를
100상자는 놓을 수 있다
상상이
잘 안 돼
머릿속에서
상상이 돼

머릿속에 그려보자. 공중전화박스? 그것도 좋지만 공중전화박스도 상당히 크다. 여기서는 이삿짐을 쌀 때 많이 쓰는 종이상자를 떠올려보자. 정확할 필요는 없으며 대충 골프공의 수가 10×10×10=1,000개 들어가는 것이라고 하자. 이 정도 크기의 상자라면 이미지화할 수 있을 것이다. 그럼 이 종이상자는 덤프트럭 화물칸에 몇 개나 들어갈 수 있을까? 덤프트럭의 화물칸은 상당히 크다. 예를 들어 세로로 20상자, 가로로 5상자를 놓을 수 있다면 쌓아올리지 않고 한 단만이라고 해도 20×5=100상자가 들어갈 수 있다. 골프공으로는 1,000×100=100,000개. 그렇다, 대충만 추리해봐도 한 자릿수가 다른 답이 나온다. 즉 약 5만 개라는 주장은 극히 의심스럽다는 결론이 된다.

제1장에서 추리력이 필요하다고 이야기를 했는데 그 하나가 여기서 말하는 '이 계산 결과, 좀 이상한 것 같은데?'이다. 일반적으로 유능한 CEO는 세심한 계산 결과에는 별 흥미가 없지만, 대충 계산한 경영상의 숫자에 모순이나 불합리가 있을 때는 바로 지적할 수 있다고 한다. 컴퓨터처럼 정확하게, 그리고 빨리 계산하는 것보다 추리해서 불합리를 바로잡을 수 있는 사람이 업무 현장에서 훨씬 더 크게 활약하는 법이다.

업무에 있어
계산 속도보다 중요한 건
바로 추정·추리하는 능력!

11

마케팅 조사의 꽃, 통계 활용하기

몇 명을 조사해야 대충의 경향을 알 수 있을까

"어차피 돈 들여 하는 조사인데 많이 할수록 좋죠."

예전에 회사에 다니던 무렵 설문 조사를 하려 들 때마다 들었던 말이다. 아직까지 이런 식으로 생각하는 영업맨이 있다면 다시 한 번 돌아보자.

이번 주제는 '통계'이다. 감각적으로 느끼겠지만 비즈니스에서 가장 유용한 수학 분야는 통계이다. 우리가 학교에서 배운 수학은 중학교까지는 모두 똑같은 수업을 받고 고등학교에서 문과와 이과로 나뉘는 시스템이었기 때문에 통계를 배운 사람이 그렇게 많지는 않을 것이다. 실제로 나도 '확률, 통계'를 수업 시간에 배운 기억이 별로 없다.

그러나 비즈니스에서 통계는 매우 중요한 역할을 맡고 있다. 다음과 같은 상황을 생각해보자.

문제

당신네 회사 서비스를 이용하고 있는 소비자에게 설문 조사를 실시하게 되었다. 전국적인 서비스이므로 이용자가 아주 많아 일부만 하려고 하는데 샘플 수 500과 1,000은 비용이 배 차이가 난다. 비용은 줄이고 싶지만 샘플 수는 당연히 많을수록 좋다. 자, 당신이라면 어느 쪽을 선택할 것인가?

실제 비즈니스 현장에서는 이와 비슷한 일이 자주 벌어진다. 모든 비즈니스에서, 특히 일반인을 대상으로 하는 이른바 B to C(business to customer)비즈니스 기업에서는 이런 조사를 해야 하는 경우가 많다.

본론으로 들어가자. 내가 아는 사람에게 물어보았더니 절충안으로 샘플 수를 750개로 하면 좋지 않겠냐는 대답이 나왔다. 뭐 나쁘진 않겠지만 과연 그 의사결정은 합리적일까? 여기서 중요한 것은 '오차'다. 모든 소비자에게 조사를 할 수 없는 이상, 아무리 정확성을 추구해도 오차는 반드시 생기게 마련이다. 문제는 그 오차가 샘플 수와 어떤 관계인가 하는 점을 정확히 해야 하는 것이다.

오차: 조사 대상으로 해야 할 사람 전체(전수 조사)와 ○○○명에게 실제로 조사(샘플 조사)한 결과의 차이

일반적으로는 아래 표를 이용하여 최적의 샘플 수를 산출한다. 수치는 표본오차라 불리며 조사를 100회 한다면 95회는 이 오차 안에 들어간다는 의미다. 이 책은 통계 전문서가 아니며, 우리는 업무에 사용하는 수학 이야기를 하고 있으니 머리 아픈 계산이나 논리는 생략하고 여러분이 알고 싶어 하는 결론만 이야기하겠다.

〈도표 11-1〉 표본오차 표

샘플 수 \ 회신 결과	10% (90%)	20% (80%)	30% (70%)	40% (60%)	50% (50%)
50	±8.5	±11.3	±13.0	±13.9	±14.1
100	±6.0	±8.0	±9.2	±9.8	±10.0
200	±4.2	±5.7	±6.5	±6.9	±7.1
300	±3.5	±4.6	±5.3	±5.7	±5.8
400	±3.0	±4.0	±4.6	±4.9	±5.0
500	±2.7	±3.6	±4.1	±4.4	±4.5
1,000	±1.9	±2.5	±2.9	±3.1	±3.2

※신뢰도 95%(신뢰도 95%란 100번 중에 95번은 이 오차범위 안에 들어가 있다는 의미)

표의 샘플 수가 500일 때와 1,000일 때를 비교해보자. 예를 들어 이번 설문 조사에서 어떤 답을 한 사람이 10퍼센트 있었다고 하자. 500인 경우 실제와의 오차는 ±2.7퍼센트. 즉 같은 답을 하는 사람이 7.3~12.7퍼센트 사이에 있다는 것이 된다. 1,000인 경우는 실제와의 오차가 ±1.9퍼센트밖에 나지 않는다. 즉 실제는 8.1~11.9퍼센트 범위 안이 된다. 요컨대 두 배의 비용을 지불해도 오차는 불과 ±0.8밖에 개선되지 않는다는 말이다. 샘플 수를 500과 1,000의 중간인 750으로 했을 때도 얻을 수 있는 장점이 아무리 생각해봐도 별로 없을 것 같다. 대충의 경향을 아는 것이 목표라면 이런 경우 샘플 수는 500이면 충분하다는 게 올바른 해석이다.

이번 장에서 하고 싶은 말은 여러분에게 필요한 것은 '난해한 통계 전문 지식이나 계산 능력이 아니라 비즈니스에 사용할 수 있는 통계적인 감각'이라는 것이다.

'많으면 많을수록 좋다'는 선입관을 버리자, '샘플 수'가 아니라 실제와의 '오차'가 얼마나 생기는지가 중요하다

따라서 실제와의 오차가 최악으로 ±10퍼센트 있어도 상관없다. 즉 대충의 경향만 알고 싶다면 쓸데없이 많은 돈을 들이

지 말고 샘플 수를 100 정도로만 해도 충분하다는 의사결정을 내릴 수 있다.

선거 때 개표 방송을 보면 '당선 확실'이 놀랄 만큼 빨리 나오는 경우가 있는데 이때도 당연히 모든 표를 조사한 결과가 아니라 이런 통계의 사고방법을 적용한 것이다. 물론 오차가 있으므로 '당선 확실'이 나와도 결국 낙선하는 경우도 이론적으로는 가능하다.

12

이익과 손해의 교차점 파악하기

그래프의 교점 구하기로 손해를 줄이자

중학생 때 다음과 같은 문제를 풀어본 기억이 있을 것이다.

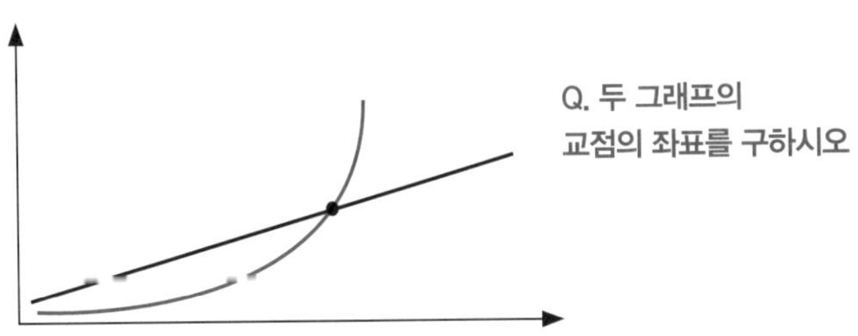

Q. 두 그래프의
교점의 좌표를 구하시오

그때 '이걸 나중에 어디에 써먹는데?' 하는 생각을 해보지는 않았는가? 그러나 사실 우리의 일상, 특히 업무의 장은 온통 함

수(그래프)로 둘러싸여 있다. 그것도 고등 수학이 아니라 중학교 때 배운 1차 함수 말이다.

간단한 예를 들어보겠다(사실 세금이나 각종 할인 등에 훨씬 다양하고 복잡하게 활용할 수 있지만 생각의 방식을 이해하는 것이 목적이므로 편의상 쉬운 형태로 해보자).

문제

다음 휴대전화 요금제 가운데 당신은 어떤 것을 선택해서 계약할 것인가? 그 이유를 논리적으로 설명하라.

A. 기본 사용료 3,000엔(무료 통화 2,000엔 분 포함), 1분당 36엔의 통화료
B. 기본 사용료 5,000엔(무료 통화 4,000엔 분 포함), 1분당 28엔의 통화료
C. 기본 사용료 8,000엔(무료 통화 6,000엔 분 포함), 1분당 20엔의 통화료

기준은 당연히 당신의 통화 시간(한 달)이다.

'나는 한 달에 대개 ○○분 통화를 하니까 대충 계산하면 B 요금제가 가장 싸지.'

이 정도의 추측으로 결정해버리지 않는가. 지금이라도 늦지 않았다. 모든 의사결정 과정에 수학적 사고방식을 도입해보자. 여기서는 '함수 문제라고 치환해 교점 찾아내기'이다.

먼저 주어진 조건으로부터 무료 통화분을 대충 계산하면 A,

〈도표 12-1〉 당신이 손해를 보지 않기 위한 분기점은 어디?

(엔)

	A	B	C
기본료	3,000	5,000	8,000
통화료	36	28	20
무료 통화분(분)	50	140	300

(엔)

통화 시간(분)	A	B	C
···	···	···	···
90	4,440	5,000	8,000
100	4,800	5,000	8,000
110	5,160	5,000	8,000
120	5,520	5,000	8,000
···	···	···	···
230	9,480	7,520	8,000
240	9,840	7,800	8,000
250	10,200	8,080	8,000
260	10,560	8,360	8,000
···	···	···	···

A 요금제가 이득

B 요금제가 이득

C 요금제가 이득

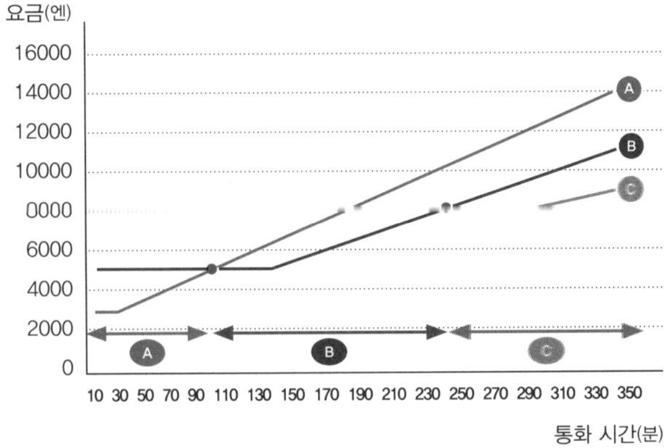

요금(엔)

16000
14000
12000
10000
0000
6000
4000
2000
0

A B C

10 30 50 70 90 110 130 150 170 190 210 230 250 270 290 310 330 350

통화 시간(분)

B, C 각각 50분, 140분, 300분이 된다. 지불하는 요금을 통화 시간의 함수라고 생각하면 엑셀을 사용해서 〈도표 12-1〉과 같은 표로 만들 수 있다. 통화 시간 100분까지라면 A 요금제가 가장 이득이지만 그것을 넘으면 B 요금제를 선택하는 것이 좋음을 알 수 있다. 또한 통화 시간이 240분 이상인 사람은 C 요금제를 선택하는 것이 좋다.

정확할 필요는 없고 대충만 계산해도 충분하다. 중요한 것은 교점이 어디에 있느냐이다. 이 함수의 교점은 '여기서부터 앞으로 가면 요금의 손익이 바뀌는 분기점'이다.

NG

통화 시간은 아마 ○○분 정도 될 거야…….

– 각 요금제에 대입시켜보면 B 요금제가 가장 쌀 것 같다.

– 어? 이번 달 청구액이 왜 이렇게 많아? 통화 시간이 길었나?

GOOD

우선은 각 요금제의 분기점을 파악해두자.

– 자, 평소 통화 시간은 ○○분 정도일까.

– 각 요금제에 대입시켜보면 B 요금제가 가장 쌀 것 같다.

– ××분 이상 통화하면 손해야. 하루에 △△분 정도가 한도인가…… 기억해두자.

어느 쪽이 좋은지는 말할 것도 없다. 휴대전화 통화요금에서 '손해'를 보고 있는 사람은 이 분기점을 넘고 있는 것을 알아차리지 못했기 때문이다. 비즈니스에서도 당연히 '손익분기점'을 생각하는 사고방식이 필요하다. 이 점을 넘으면 손익이 바뀐다는 인식이 없다면 그 사업의 전략이나 시장 상황 분석 등을 어떻게 할 수 있겠는가.

이런 사고방식은 서비스를 구매할 때 성과보수형과 매월 고정비형 가운데 어느 쪽으로 계약할 것인가 하는 경우에도 적용할 수 있다. 분기점이 어딘지 파악하는 능력이 있으면 손해 볼 가능성이 훨씬 낮아진다.

〈도표 12-2〉 손해를 보지 않기 위한 사고법

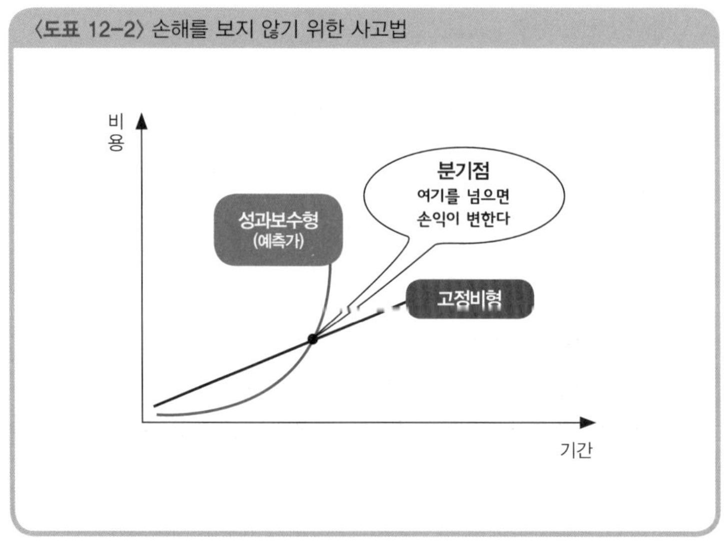

13

유능한 직장인도 틀리는 '확률'의 기본

확률과 비율을 혼동해서는 안 된다

머리 아픈 비즈니스 이야기에서 약간 벗어나 잠시 긴장을 풀어보자. 아래 퀴즈의 답은 무엇일까? 직장인 대상의 강연이나 세미나 등에서 이 퀴즈를 내면 정말 다양한 의견이 튀어나온다.

문제

20대 여성과 30대 여성, 결혼할 수 있는 확률이 높은 쪽은 어디일까?

"아무래도 20대 아닐까요. 특히 후반이겠지요."

"아니, 요즘은 결혼 연령이 점점 높아지고 있는 추세니까 20대나 30대나 확률은 비슷하지 않을까요?"

"잘 생각해보면 30대가 결혼에 현실적이죠. 확률이라는 관점에서 보면 30대가 높지 않을까요?"

상당히 재미있는 의견들이지만 유감스럽게도 모두 틀렸다. 확률의 기본조차 이해하지 못한 사람의 대답이다. 많은 이들이 알고 있는 것 같지만 올바르게 이해하지 못한 것이 확률이다. 참고로 앞의 퀴즈 정답은 '20대든 30대든 완전히 똑같다, 덧붙여서 확률은 $\frac{1}{2}$'이다.

도대체 무슨 소리인가? 이 의문을 해소하려면 역시 '확률'이란 무엇인가, 말하자면 확률의 기본 정의부터 확실히 확인해보아야 한다.

$$\text{확률} = \frac{\text{그 사건의 경우의 수}}{\text{일어날 수 있는 모든 경우의 수}}$$

너무 어려운가? 하지만 이것이야말로 확률의 올바른 정의다. 우리에게 익숙한 주사위를 예로 들어서 이야기해보자. 한 번 던져서 '1'이 나올 확률은 얼마인가, 하고 물으면 여러분은 망설이지 않고 $\frac{1}{6}$이라고 대답한다. 물론 정답이다.

A: 그 사건('1'이 나오는)의 경우의 수 → 1회

B: 일어날 수 있는 모든 경우의 수 → ('1'이 나온다) ('2'가 나온다)…('6'이 나온다)의 합인 6회

$\therefore \frac{A}{B} = \frac{1}{6}$

다시 결혼 확률 퀴즈로 돌아가자. 먼저 '결혼'이라는 대상에 대해서 일어날 수 있는 경우의 수를 생각해본다. 일어날 수 있는 경우…… 잘 생각해보자, 주사위의 경우는 '1'이 나온다, '2'가 나온다……였다. 이번에는…… '결혼할 수 있다'와 '결혼할 수 없다' 두 가지밖에 없다. 즉 결혼할 수 있는 확률을 물으면 답은 $\frac{1}{2}$이 되는 것이다. 성별이나 연령, 직업이나 국적 등은 아무런 관계가 없다. 사람이 결혼할 수 있는 확률은 전부 똑같다(잘 생각해보면 결혼할 수 있는가 없는가는 이른바 '인연'이며 그 사람의 사고방식도 있으므로 그 확률이 얼마인가 하는 질문 자체가 사실은 난센스다).

그런데 앞에서와 같은 오해가 생기는 이유는 무엇일까? 그것은 많은 사람이 '확률'과 '비율'의 개념을 혼동하고 있기 때문이다. 이혼율이나 생애미혼율(오십 세까지 한 번도 결혼하지 않은 사람의 비율)은 어디까지나 ○○○명 중에서 △명이 해당한다는 비율을 말하는 것이다. 이 데이터와 당신 자신은 어떤 관계가 있을까? 예를 들어 길거리 인터뷰에서 당신과 성별, 연령이 같은 사

람 100명이 기혼자인 비율이 10퍼센트였다고 하자. 이때 당신은 자신이 결혼할 수 있는 확률이 $\frac{1}{10}$이라고 생각할 것인가? 다른 지역에서 인터뷰를 해보았더니 100명 중에 무려 90명이 기혼자라면 당신은 자신이 결혼할 수 있는 확률을 $\frac{9}{10}$라고 바꿀 것인가? 절대로 그렇게 생각하지 않을 것이다. '그 100명과 나는 아무런 관계가 없다'고 생각하기 때문이다. 그것이 맞다.

어떤가? 여기서는 비즈니스 이야기에서 약간 벗어나서 확률의 정의를 재확인해보았는데, 이제 확률과 비즈니스의 관계에 대해 좀 더 파고들어가 보자.

14

선택의 순간에 써먹는 수학 테크닉

합리적 의사결정을 이끄는 기댓값

나는 비즈니스에서 절대로 '결단'을 하지 않는다. 쉽게 말하자면 내 사전에는 근거 없는 '요행수', '도 아니면 모' 같은 단어가 없다. '결단해야 한다'라는 표현에서는 그야말로 도박의 향기가 풀풀 난다. 비즈니스에서는 '결단'이 아니라 '선택'이 필요하다.

문제

당신은 다음 달의 영업이익을 예측하고 전략을 짜야 한다. 전략 A를 택하고 시장이 호황이라면 약 300만 엔, 불황이라면 약 100만 엔 이익이라고 예측. 한편 전략 B를 택하고 시장이 호황이라면 약 700만 엔 이익, 불황이라면 약 200만 엔의 손실이 발생한다고 예측. 당신이라면 어떤 식으로 전략 A 또는 B를 선택할 것인가?

손실이 발생할 가능성이 있는 전략 B를 피하는 것이 가장 '손해를 보지 않는' 선택이라고 생각한 당신은 유감이지만 대단히 순진한 사람이다. 올바른 선택을 하기 위해서는 뭔가 추가적인 정보가 있으면 좋겠다는 생각이 들지 않는가? 바로 그것이다. 호황과 불황의 개념이 모호하다. 이럴 때 앞에서 등장한 '확률'을 써먹어보자.

예를 들어 다음 달이 호황일 확률을 50퍼센트라고 하면, 불황일 확률도 50퍼센트다. 잠정적이라도 상관없다. 여기서는 수치화하는 것이 중요하다. 그러면 다음과 같은 계산식이 성립한다.

전략 A: 300×0.5+100×0.5=150+50=200만 엔

전략 B: 700×0.5+(-200)×0.5=350-100=250만 엔

이 계산 결과는 각각의 전략에 등장하는 개념을 모두 숫자로 변환시켜 기대할 수 있는 이익의 값을 수학적으로 산출한 것이다. 선입관을 배제하고 합리적으로 생각하면 이런 숫자의 차이로 표현할 수 있다는 말이다. 다음 달 상황이 어떻게 될지가 반반이라는 판단이 선다면, 재빨리 이런 계산을 해서 전략 B를 선택하여 상사에게 제안하는 사람이 유능한 직장인이다.

여기서 여러분이 빠지기 쉬운 착각을 다시 한 번 설명한다.

〈도표 14-1〉 의사결정에 필요한 숫자로 만들려면?

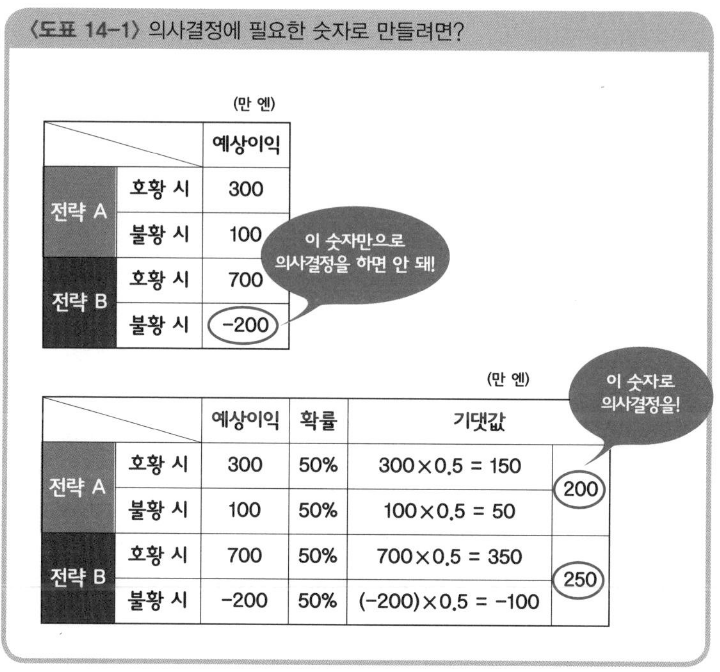

(만 엔)

		예상이익
전략 A	호황 시	300
	불황 시	100
전략 B	호황 시	700
	불황 시	-200

(만 엔)

		예상이익	확률	기댓값	
전략 A	호황 시	300	50%	300×0.5 = 150	200
	불황 시	100	50%	100×0.5 = 50	
전략 B	호황 시	700	50%	700×0.5 = 350	250
	불황 시	-200	50%	(-200)×0.5 = -100	

이 숫자만으로
의사결정을 하면 안 돼!
이 숫자로
의사결정을!

전략 B의 200만 엔 손실이라는 제한적인 정보만으로 의사결정을 해서는 안 된다. 선택은 어디까지나 전략 A냐 B냐이므로 전략 A와 B를 각각 숫자로 표현해 그것을 비교하는 것이 올바른 평가이다.

이 계산값을 수학에서는 '기댓값'이라고 부르며 확률 분야에서 빈번히 등장하는 중요한 개념이다. 여기에서는 사고방식까지만 설명한다. 뒤에서 다시 한 번 등장하므로 분명히 여러분도 업무 현장에서 사용할 수 있게 된다.

여담이지만 나는 파칭코에는 한 번도 간 적이 없다. 로또도 내 돈 주고 사본 적이 없다. 앞에서 말한 '기댓값'을 떠올리면 그럴 마음이 생기지 않기 때문이다. 참 재미없는 사람이라고 여길지 모르겠지만 나는 로또를 살 돈이 있다면 헌책방에서 100엔짜리 중고책을 사서 찻집에서 300엔짜리 커피를 즐기면서 독서하는 시간을 사는 것이 기대이익(?)이 더 높다고 생각한다.

오해는 하지 말기 바란다. 나는 도박 자체나 그것을 즐기는 사람들을 부정할 생각은 전혀 없다. 사회적으로 중요한 의미가 있고 사람들에게 감동과 활력을 주는 문화라는 점도 알고 있다. 다만 나는 이런 생각을 갖고 있으며 그런 사고방식이 비즈니스의 세계에서는 틀린 선택을 하지 않는 유용한 방식임을 말하고 싶었다.

제2장에서는 여러분이 업무의 여러 국면에서 숫자에 속아넘어가거나, 창피를 당하거나, 잘못 생각해서 손해를 보기 쉬운 부분을 설명한다. 숫자에 강한 직장인이 되려면 무엇보다도 '잘못된 해석'을 하지 않는 것이 중요하다. 숫자를 잘 다루는 사람이 왜 유능한 직장인인가 하는 여러분의 궁금증을 말끔히 해소할 이야기도 하겠다. 그러면 스트레스를 좀 받더라도 열심히 배워야지, 하고 생각할 것이다.

3장

수학을 못했어도 걱정하지 말자

15

학창시절의 성적은 전혀 관계없다

지금이라도 수학 근육 트레이닝을 하자

이 장에서는 여러분이 이 나이에 새삼스럽게 수학 따위를 배워서 어디다 써먹을까, 하는 주제에 대해 이야기해보자.

학생 때 수학 성적이 좋았던 사람이 연봉도 높다는데 정말일까?

결론부터 말하자면 자신 있게 'NO'라고 할 수 있다. 혹시 'YES'라는 대답을 기대했는가? 제1장에서도 이야기했듯이 학교에서 배운 수학과 업무용 수학은 전혀 다르다. 즉 학생 때의 수학 성적과 직장인이 되어서의 성과에는 직접적인 관련이 없다는 말이다.

그러나 한편 대졸자의 취업과 입시의 관계를 조사해보았더니 문과계 출신자의 경우 수험 과목으로 수학을 선택한 사람이 그렇지 않은 사람보다 연봉이 높고, 대기업 취직 비율도 높다고 한다. 앞에서의 내 답과 반대의 결과라고 생각하는가? 그렇지 않다. 왜 앞의 내 답에 '성적'이라는 단어가 들어갔을까. 그것은 수학 시험의 점수가 좋았던 사람이 업무에서 큰 활약을 하는 것이 아니라 문과든 이과든, 대학 입시 때까지 수학이라는 학문을 접하고 수학적 사고를 익힌 것이 그 사람의 업무 성과와 관련하여 유용하다는 의미다.

학교에서 배운 수학은 말하자면 '근육 트레이닝'이다. 최고의 운동선수일수록 평소 근력 훈련을 게을리 하지 않는다고 한다. 그래야 그 기초 능력을 활용(응용)해서 본 경기에서 좋은 성적을 거둔다. 직장인도 마찬가지 아닐까?

앞의 통계 데이터가 가르쳐주는 사실은 이런 것들이다.

학생 때 수학 성적이 좋았던 사람은 연봉이 높다 NO

수학이라는 근육 트레이닝을 열심히 하고, 그것을 비즈니스에 활용할 수 있는 사람은 연봉이 높다 Yes

어떤가? 이 주장에 이견이 있는가? 실제 지금 내 주변에서 큰 활약을 하는 사람들 중에는 '수학을 좋아했다, 잘했다'는 말을 하는 이들은 별로 없다. 대다수가 '대학 입시에 필요하니까 했다'고 한다. 하지만 결과적으로 그들은 숫자에 강하고, 중학 수준의 수학 문제를 제시하면 (기억을 더듬어서) 아마도 말끔히 해결할 것이다. 이것이 진실이다.

그러나 한편으로 이렇게 딴죽을 거는 사람도 있을 것이다.

"그럼 학생 때 특히 수학과는 담을 쌓고 살았던 나는 이미 늦었다는 말인가요?"

그렇지 않다. 지금부터가 본론이다. 앞의 데이터는 다음과 같은 논리 전개가 옳다는 것을 증명하고 있다.

수학이라는 '근육 트레이닝'을 했다

↓

그것을 다양한 업무 현장에서 사용한다

↓

연봉이 높아진다(=업무 성과가 높아진다)

그렇다면 이제 무엇을 해야 할지 여러분도 알았을 것이다. 지금이라도 '근육 트레이닝'을 시작하면 된다. '너무 늦지 않았나?'라고 생각한 당신, 전혀 늦지 않았다.

수학이 붐이다. '어른을 위한 수학', '수학 다시 배우기' 같은 책이 넘쳐난다. 더 많은 직장인이 '수학'의 유용성을 깨닫고 다시 배우기 바란다. 이 책을 손에 든 여러분은 이미 그 유용성을 깨달은 분들이다.

지금 당장 시작하자!

그러나 예전에 그토록 싫어하던 수학을 다시 배우는 것이, 정말로 직장인의 '근육 트레이닝'이 될지 아직 회의적인 사람도 있을 것이다. 스포츠 선수라도 '근육 트레이닝'이 너무도 좋다고 하는 사람은 아마도 없을 것이다. 필요성을 뼈에 사무치게 느끼지 않으면 행동으로 옮기기가 쉽지 않은 법이다. 이제부터는 여러분이 예전에 학교에서 배웠던 수학을 조금씩 등장시켜서 필요성을 높여보겠다.

16

이유를 논리적으로 설명할 수 있는 능력을 익히자

근거를 대 제3자를 설득하는 능력 키우기

아직 수학의 유용성을 납득하지 못하는 사람도 많을 것이다. 이쯤에서 여러분에게 수학 관련 질문을 하나 해보겠다.

문제

원주율이란 무엇인가?

너무 시시하고 여러분의 수준을 무시한 질문인가? 하지만 일단 대답해보자.

"3.14잖아요."

"아니요, 제가 배울 때는 3이었어요."

강연이나 세미나에서 수강자에게 질문을 하면 대개 이런 대답이 나온다. 하지만 내가 원하는 답이 아니다. 다시 한 번 '원주율이란 무엇일까요' 하고 물으면 그제서야 의도를 알았는지 드문드문 이렇게 답한다.

"원주의 길이를 구할 때 쓰는 거예요."

"원의 면적을 구할 때도 쓰지요."

음, 첫 번째보다는 낫지만 유감스럽게도 아직 부족하다. 이쯤에서 내 의도를 말하겠다.

원주율이란 원의 지름과 둘레 길이의 비율이다

사회적으로도 화제가 된 일본의 유토리교육(느슨한 교육)에서의 원주율 계산 시 '3.14에서 3으로'는 꽤 유명하지만 내가 생각하기에 3.14냐 3이냐 하는 숫자는 사실 중요하지 않다. 그것은 시험에서 계산을 시키기 위한 규칙을 정한 것에 불과하기 때문이다.

더 중요한 것은 본질을 정확하게 알고 있는가 하는 점이다. 1엔짜리 동전이든 대관람차든, 우리가 살고 있는 지구든, 그 비율이 일정하다는 것이 원주율의 본질이자 대단함이다.

원주율이란 모든 원에 있어서 지름과 그 둘레 길이의 비율이다

⇒그러므로 어떤 원 둘레 길이도 그 비율을 사용하면 구할 수 있다

이것이 원주율에 대한 올바른 이해다. 학교에서 이렇게 배웠는가? 원주율의 의미를 제대로 이해하지 못하고서 그저 계산하는 데만 3.14를 사용했다면 그것은 비즈니스에 써먹을 수 있는 '근육 트레이닝'이 전혀 안 되어 있다는 뜻이다.

예전에 학교에서……

원주율을 써서 정답을 이끌어냈다. 왜 원주율을 사용하냐고?

몰라. 그냥 그렇게 배웠으니까

그대로 직장인이 되면……

이번 분기는 인원을 감축합니다. 사장님이 그렇게 지시했거든요.

이유요? 모릅니다. 안 가르쳐주셨으니까요

여러분 직장에 이런 동료나 선후배가 있다면 반드시 학교에서 배운 수학을 다시 공부해보라고 권하자. 이런 사람들이 꼭 비즈니스 현장에서 '결론 먼저' 따위의 그럴듯한 말들을 사용한다. 그러나 '결론 먼저'가 되려면 이유를 설명할 수 있다는 전제

가 깔려 있어야 한다. 그런데 직장 내에는 '그냥 결론만 말해달라, 이유 따위 흥미 없다, 시키는 대로 할 테니까, 그렇게 하면 그 업무는 깔끔하게 해치울 수 있으니까'라고 생각하는 사람이 의외로 많다. 그저 귀찮은 것이 싫다, 업무는 결과가 전부다…… 그런 생각 때문일 것이다. 하지만 정말로 그러면 만사 OK일까? 나는 그렇지 않다고 생각한다.

수학으로 훈련할 수 있는 것은 계산 능력이 아니다. 결론의 이유(근거)를 생각하는 능력, 그것을 제3자에게 설명하고 설득시키는 능력이다.

17

숫자에 딴죽을 걸어라

숫자의 힘에 휘둘리거나 속지 않는 방법

앞에서 근거를 설명할 수 있는 능력이 중요하다고 말했는데 그 내용을 좀 더 파고들어가 보자. 원주율에 '왜?'라는 질문을 할 수 있는 이는 업무 현장에서도 숫자에 딴죽을 걸 감각이 있는 사람이다. 반대로 3.14를 사용해 계산만 하려는 사람은 업무 현장에서도 숫자에 딴죽을 걸지 못한다. 극단적인 말이라고 생각하는가? 이것이 진실이다. 연습(말하자면 근육 트레이닝)으로 못한 것을 본 경기(업무의 장)에서 어떻게 할 수 있겠는가? 내가 기업에서 근무했을 때의 실제 사례를 예로 들어보겠다.

"알겠나? 이번 분기의 매출 목표는 전년의 20퍼센트 증가다!"

영업부장의 말을 들은 나는 당연히 의아한 생각이 들었다. '왜 20퍼센트일까?' 하고 말이다. 특별히 20이라는 숫자가 나쁘다는 말은 아니다. 극단적으로 말하면 숫자는 몇이든 상관없다. 그냥 왜 20일까가 궁금했다. 그러나 물어봐도 명확한 대답이 돌아오지 않았다. 그냥 '대충' 정한 숫자였기 때문이다. 동료 직원들은 20퍼센트 증가라는 말을 아무런 의심 없이 받아들여 일을 했다. 그러나 숫자는 마음먹은 대로 올라가 주지 않는다.

"어휴, 20퍼센트 증가는 너무 심해."

"도대체 어떻게 해야 하나?"

"그러니까 도대체 왜 20퍼센트인 거야?"

"그러고 보니 그러네……."

"근거가 제대로 있는 목표였던 걸까……."

"누가 부장한테 좀 물어봐!"

쓸데없는 짓을 하고 있었던 게 아닌가 하는 생각을 그제야 겨우 하는 것이다. 하지만 소 잃고 외양간 고치기다. 숫자에 딴죽을 걸지 못하면 이런 비극을 앞으로도 쭉 되풀이하게 된다. 수학을 통해 얻을 수 있는 '근거를 설명하는 능력'이 왜 중요한지, 그리고 왜 그 숫자인지를 파고드는 능력을 키워야 하는지 이제는 알았을 것이다.

물론 나도 비즈니스의 모든 숫자에 근거가 필요하다고 생각하지는 않는다. 아침 일찍 출근해서 일하는 것이 효율적이므로 '출근시간 30분 전에 회사에 도착하는 것을 목표로 한다'라는 경우 30이라는 숫자에 특별한 근거가 필요하지는 않다. 그 사람이 그렇게 생각한다면 충분하다.

하지만 앞의 20은 다르다. 그 숫자 하나로 많은 사람들의 업무 목표가 바뀌고 경우에 따라서는 하지 않아도 될 일을 해야 할 수 있다. 요컨대 앞의 20은 딴죽을 걸어야만 하는 숫자란 말이다. 숫자에 딴죽을 거는 힘을 반드시 익히자.

여기서 복습도 겸해서 연습문제 하나. 다음 명제에서 반드시 옳다고 할 수 없는 것이 있다면 딴죽을 걸어보자.

문제

① A사의 평균 연령은 약 30세, 젊은 사원이 많아서 활기가 있다.

② 남성인데 피부관리실에 다니고 있는 사람이 전국에 3,000만 명 있다.

③ 남성 비율이 90퍼센트인 직장, 당연히 거기 가면 남자친구가 생길 확률이 높다.

모범 답안은 〈도표 17-1〉에 있다. 당신이 딴죽을 걸지 않으면 모두 어처구니없는 착각을 한 채 살았을지 모른다. 부디 직장에서도 불합리한 숫자에 딴죽을 거는 존재가 되기 바란다.

〈도표 17-1〉 불합리한 숫자라면 딴죽을 걸자!

① **A사의 평균 연령은 약 30세, 젊은 사원이 많아서 활기가 있다**

평균이 30세라고 해서 반드시 젊은 사원이 많다고는 할 수 없다. 아니, 애초에 사원이 많다고 착각하고 있는 건 아닌가? 19살과 37살인 두 사람이 있는 회사라도 평균 연령은 28살이다.

② **남성인데 피부관리실에 다니고 있는 사람이 전국에 3,000만 명 있다**

일본의 인구가 1억 2천만이라고 하면 네 명에 한 명이 다닌다는 말인가? 아니, 남성이므로 절반이라고 하면 두 명에 한 명이 다니고 있다는 말이 된다. 자릿수가 틀린 것 아닌가?

③ **남성 비율이 90퍼센트인 직장, 당연히 거기 가면 남자친구가 생길 확률이 높다**

그렇다면 여대에 다니는 여성에게는 남자친구가 생기기 어렵다는 말인가? 남성 비율 90퍼센트라는 확률은 별로 관계없지 않을까. 또한 남성과 만날 수 있는 곳이 직장뿐인가…….

18

'수학의 완벽함'을 비즈니스에서 활용하는 법

부정하기 위해서도 사용하는 수학

이것 또한 내가 실제로 경험한 일인데 어느 유명 기업의 웹마스터가 한숨을 쉬며 이런 이야기를 했다.

"해보고 싶은 업무 아이디어가 있는데 상사를 설득할 숫자가 없어요. 숫자만 있으면……."

도대체 무슨 일일까? 정리해서 말하면 다음과 같다.

웹페이지를 통한 문의가 적은데 좀 더 활성화시키고 싶다

웹마스터: 웹페이지 구조가 문제, 리뉴얼을 해야 한다

상사: 들어오는 사람 자체가 적다, 일단 비용을 들이기보다 좀 더 많은 사람이 들어오게 해야 하는 것 아닐까?

문제점: 웹페이지 구조 문제를 숫자로 설명할 수 없으므로 논의가 평행선을 달린다

여러분의 직장에도 이와 비슷한 상황이 분명 있을 것이다. 이 문제를 어떻게 해결할 것인가? 숫자가 있으면 설득력이 커진다는 점에는 다들 이견이 없을 것이다. 그러나 이상은 어디까지나 이상, 현실적으로는 그런 숫자를 도출해내기가 어렵다. 실제 나도 회사에서 일할 때 이런저런 정보가 좀 더 있었으면 하고 언제나 생각했다. 그러나 없는 것을 한탄해봤자 소용없다. 그럼 과연 어떤 사고방식이 돌파구가 되어줄까?

예전에 수학 수업에서 정답만을 구했던 우리는 옳은 것을 이끌어내고 싶을 때만 숫자를 사용해야 한다고 생각하고 있지는 않을까. 그러나 수학은 '부정'할 때도 유용하다.

문제

다음 내용의 옳고 그름을 판단하시오. 잘못된 경우 그 이유를 설명하시오.

'한 문제에 1점이며 만점이 5점인 시험을 20명이 치렀다. 2점 이상의 득점을 얻은 사람은 일곱 명이었고 전원의 평균은 2.5점보다 크다.'

모두가 느꼈겠지만 마지막 결론 2.5점보다 크다는 부분이 대단히 미심쩍다. 그러나 '미심쩍다'만으로는 부정할 수 없다. 그래서 수학이 등장한다. 먼저 주어진 조건에서 가장 높은 평균값이 얼마인지를 구해보자.

· 2점 이상인 사람

→ 전원을 만점인 5점이라고 해버린다(일곱 명)

· 2점 미만인 사람

→ 전원의 득점을 1점이라고 해버린다(열세 명)

평균점은 $(5\times7+1\times13)\div20=48\div20=2.4$

이것이 주어진 조건에서 생각할 수 있는 최대의 평균점이므로 '평균점은 2.5점보다 높다'는 틀렸다! 이처럼 숫자를 사용하면 상대방의 주장을 똑 부러지게 부정할 수 있다.

그럼 앞의 문제로 돌아가자. 웹마스터는 자신의 생각을 강하게 주장하기 위해 숫자가 필요하다고 여기는데, 한 번 관점을 바꿔보자. 즉 상사의 의견을 숫자로 부정하는 것이다. 그것이 가능하다면 소거법으로 이 웹마스터의 의견이 채택될 가능성이 쑥 올라갈 것이다.

구체적으로 '들어오는 사람을 일부러 줄인다'를 상정했을 때 결과는 다음 둘 중 하나로 나타난다.

· 문의 조건도 비례해서 팍 줄어들었다

→ 들어오는 사람 수와 문의 수가 비례한다

→ 사람 수의 문제

· 문의 건수는 별로 변하지 않았다

→ 들어오는 사람 수와 문의 수가 비례하지 않는다

→ 웹페이지 구조의 문제

이렇게 하면 '문의 건수'가 의사결정에 써먹을 수 있는 숫자로 변신한다. 한쪽을 부정한다는 발상의 결과다. 수학은 좋든 싫든 '완벽'한 존재다. 약간 극단적인 말일지 모르지만 수학으로 '부정'된 것은 절대로 '마이너스'이다. 그런 강력한 수학의 힘을 잘 쓰면 천하무적 직장인이 된다.

19

자유로운 '발상'을 즐기는 여유를 갖자

피타고라스와 다 빈치의 풀이법

예전에 수학 연습문제를 풀 때 이런 경험을 해본 적이 있는가?

'내 풀이법이 참고서에 실려 있는 모범 답안과 달랐다.'

'내 풀이법이 수업에서 선생님이 설명한 방법과 달랐다.'

사실 이것은 아주 중요한 경험이다. 수학 공부에서 정답이 어떤지는 사실 그다지 중요하지 않다(물론 입시에서는 중요하지만). 실제 사례로 체감을 해보자.

직각삼각형의 세 변의 길이를 a, b, c라고 할 때 반드시 다음 관계식이 성립한다(단 c를 빗변으로 한다)

$a^2 + b^2 = c^2$

이를 피타고라스와 레오나르도 다 빈치의 증명으로 비교해보자.

먼저 피타고라스는 도형의 면적 문제로 치환해서 증명했다. 세 변의 길이가 a, b, c인 직각삼각형을 떠올린 다음, 이를 네 개 붙여 〈도표 19-1〉과 같은 정사각형(Ⓐ)을 만들었다. 그리고 네 개의 삼각형을 재조합하여 전체 면적은 동일한 Ⓑ로 변형할 수 있음을 발견했다.

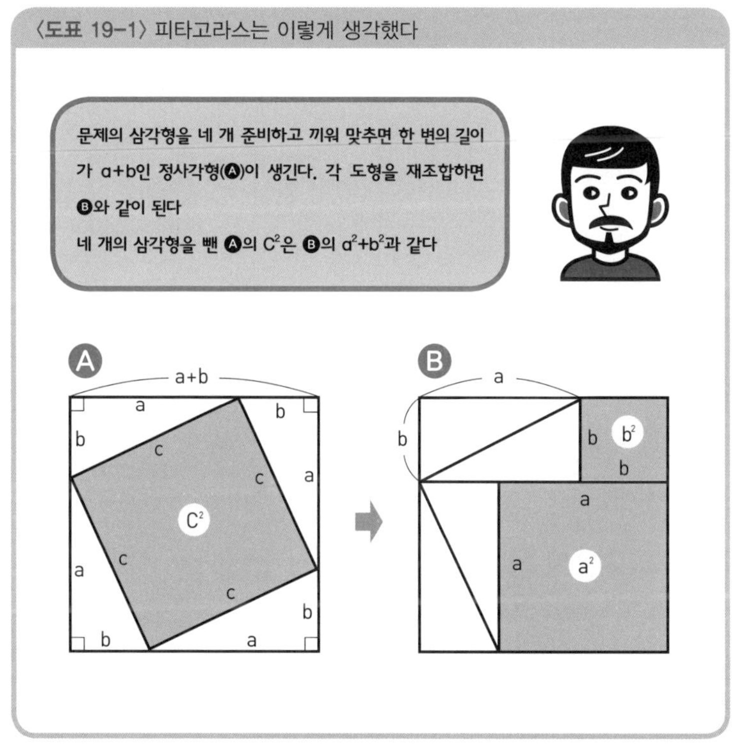

문제의 삼각형을 네 개 준비하고 끼워 맞추면 한 변의 길이가 a+b인 정사각형(Ⓐ)이 생긴다. 각 도형을 재조합하면 Ⓑ와 같이 된다
네 개의 삼각형을 뺀 Ⓐ의 C^2은 Ⓑ의 a^2+b^2과 같다
Ⓐ
a+b
a
b
c
C^2
Ⓑ
b^2
a^2

〈도표 19-1〉 피타고라스는 이렇게 생각했다

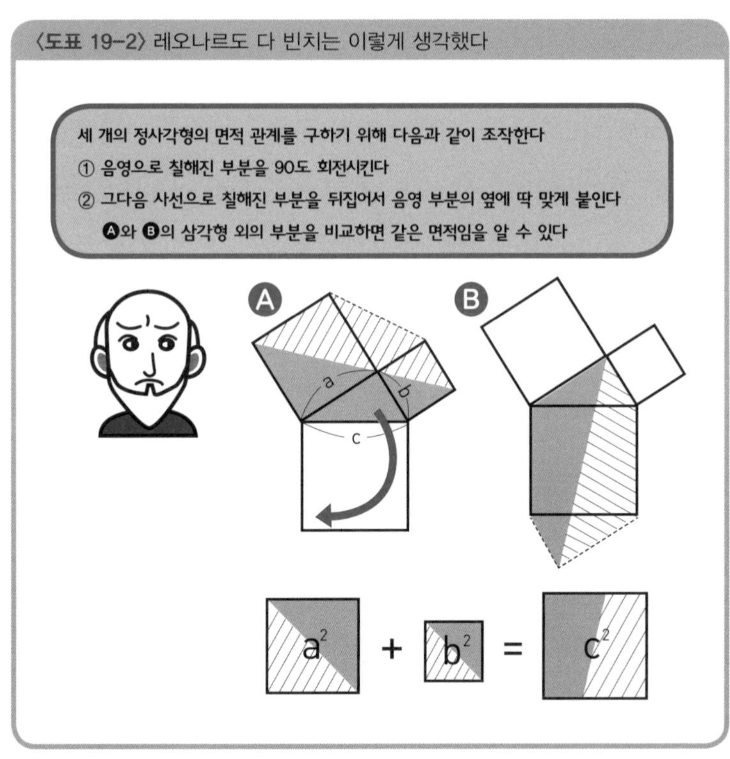

세 개의 정사각형의 면적 관계를 구하기 위해 다음과 같이 조작한다
① 음영으로 칠해진 부분을 90도 회전시킨다
② 그다음 사선으로 칠해진 부분을 뒤집어서 음영 부분의 옆에 딱 맞게 붙인다
A와 B의 삼각형 외의 부분을 비교하면 같은 면적임을 알 수 있다
A
B
a
b
c
a²
+
b²
=
c²

〈도표 19-2〉 레오나르도 다 빈치는 이렇게 생각했다

모두가 아는 천재 예술가 레오나르도 다 빈치는 이 정리를 또 다른 발상으로 증명해보였다. 〈도표 19-2〉를 보자. 약간 이해하기 어려울지 모르겠지만 음영이 칠해진 부분을 90도 회전시키고, 그 후에 사선 부분을 뒤집어서 음영 부분 옆에 붙인다. 대단하다! 숫자나 식을 전혀 사용하지 않고 설명해버렸다. 수학자가 아니라 예술가인 다 빈치의 특성이 드러난다고 생각하지 않는가? 이것만 봐도 수학은 참 재미있다.

이번에는 비즈니스 이야기. 이런 경험은 없는가?

'당신과 동료가 어떤 주제로 의논을 했는데 근거는 달랐지만 결론은 같았다. 그래서 결론은 틀림없다고 확신했다.'

나는 이런 사례를 자주 보게 되는데 그때마다 가슴이 두근거린다. 일반적으로 비즈니스에서 결론으로 향하는 발상이나 길은 결코 하나가 아니라는 데 동의할 것이다. 그러나 현실은 어떤가? 우리는 뭔가 한 가지 주장이 나오면 논의가 그것에 대한 찬성과 반대로 흘러가버리곤 한다. 좀 더 다른 발상을 찾아야 한다.

업무 현장에 오래 있다 보면 가끔씩 잊어버리게 되는데 '다른 발상이 있다'는 것은 좋은 일이다. 서로 다름을 부정하지 않고 인정하며 즐기는 사람이 분명 직장에서 일도 잘한다. 업무 현장에서 자신과 다른 발상이 나오면 기뻐했으면 좋겠다. 앞의 증명은 '발상'의 즐거움과 그 '차이'를 즐기는 여유를 가르쳐준다.

20

수학으로 정리를 잘하는 사람이 되자

수학적 이미지화 훈련하기

'정리해서 이야기하자', '정리해서 자료로 만들어두자', '생각을 정리해보자' 등 '정리'는 직장인에게 중요한 주제다. '정리법'을 제안하는 책이 잘 팔리고 책상이 깨끗한 사람은 일도 잘한다는 말도 흔히 들을 수 있다. 나도 정리는 아주 중요하며 수학을 통해 정리의 기술을 키울 수 있다고 생각한다. 수학 문제를 풀기 위해 맨 처음 하는 것이 '정리'이기 때문이다.

〈도표 20-1〉의 문제를 풀어보자. 어떻게 접근할 것인가? 물론 방법은 하나가 아니다.

처음에 '정리'를 하지 않았던 사람은 아마도 갑자기 '상상'을 시작했을 것이다. 머릿속에서 이미지화하고 정답을 이끌어낸다.

〈도표 20-1〉 생각을 수학적으로 정리하는 습관을 들이자

아래 그림처럼 작은 정육면체 상자 스물일곱 개로 큰 정육면체를 만들고 A, B, C 세 개의 상자만을 뺀다. 이렇게 해서 만들어진 입체의 모든 표면에 그림물감으로 색깔을 칠한 다음 원래의 작은 정육면체 상자로 해체하면 세 개의 면이 칠해져 있는 상자는 전부 몇 개일까?

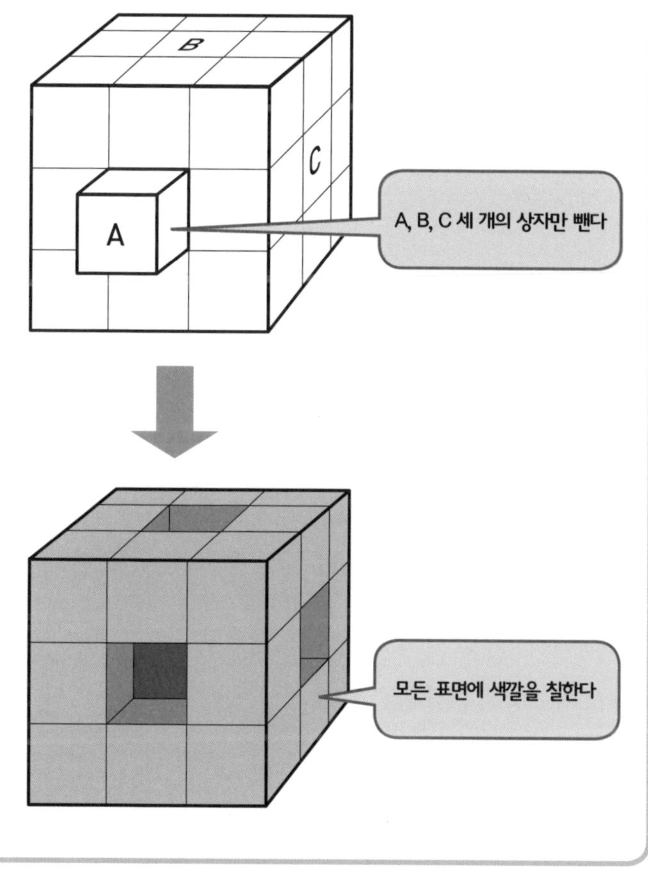
B
C
A
A, B, C 세 개의 상자만 뺀다
모든 표면에 색깔을 칠한다

물론 그것도 좋다. 하지만 답이 틀렸을 경우 어디가 틀렸는지 찾아내기가 힘들어지며 제3자에게 설명하기도 어렵다. 나라면 이렇게 '정리'해서 생각할 것이다.

① 1단(맨 아랫단)에서만 보았을 때 어떤 것이 해당하는지 판별
② 2단(가운데단)에서만 보았을 때 어떤 것이 해당하는지 판별
③ 3단(맨 윗단)에서만 보았을 때 어떤 것이 해당하는지 판별
④ 이들의 합계

실제로 해보자.
① 여섯 개 ② 세 개 ③ 여섯 개 ④ 따라서 합계 열다섯 개

이렇게 하면 누가 보아도 정답이라고 이해할 수 있고 만에 하나 실수하더라도 곧바로 알아차리게 된다. 내가 이런 방법을 찾는 이유는 다음 두 가지 때문이다.

· 제3자에게 설명할 수 있을 것
· 누군가가 잘못을 깨달을 수 있는 구조일 것

이것은 문제만 푸는 학교 수학에서는 필요 없다. 학교 수학은

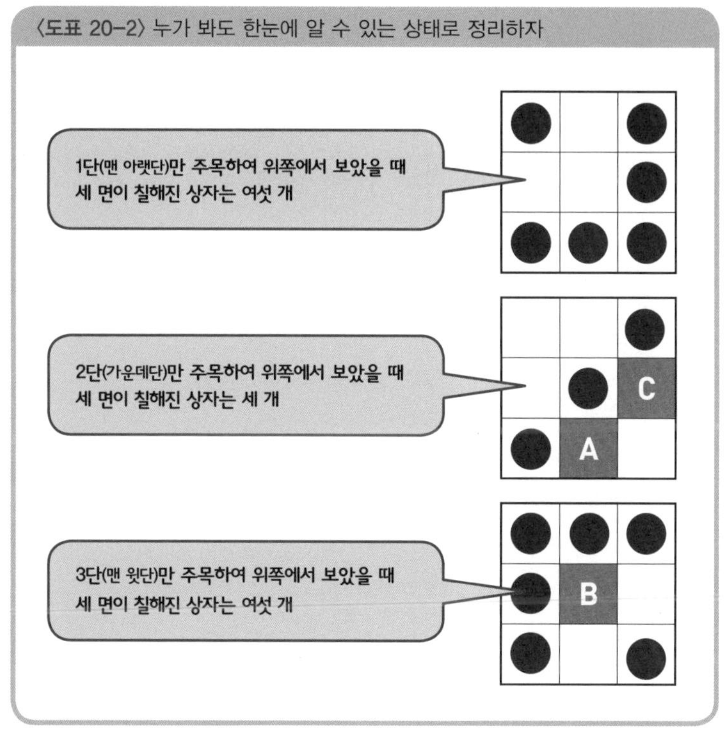
〈도표 20-2〉 누가 봐도 한눈에 알 수 있는 상태로 정리하자
1단(맨 아랫단)만 주목하여 위쪽에서 보았을 때
세 면이 칠해진 상자는 여섯 개
2단(가운데단)만 주목하여 위쪽에서 보았을 때
세 면이 칠해진 상자는 세 개
C
A
3단(맨 윗단)만 주목하여 위쪽에서 보았을 때
세 면이 칠해진 상자는 여섯 개
B

정답인가 아닌가, 시험에서 몇 점을 맞았는가가 중요하기 때문이다. 여러분이 초등학생이었다면, 비즈니스는 빼고 단순히 수학을 즐기는 사람이라면 그냥 이미지화해서 풀어보라고 했을 것이다. 그러나 여러분은 직장인이다. 매일매일의 현장에서 '정리'가 요구되므로 이런 생각을 해야만 한다. 결국 업무는 팀플레이다.

"○○씨가 정리해준 덕분에 알기 쉬워졌어!"

"○○씨가 정리해주지 않았으면 치명적인 실수를 저질렀을지도 모르겠는데.”

직장 동료에게 그런 말을 들으면 얼마나 기쁘겠는가. 수학으로 직장의 동료에게도 친절한 ‘정리법’을 익히자.

21

비즈니스 수학은 푸는 게 아니라 써먹는 것

직장인을 위한 두 가지 수학

지금까지는 학교 수학이 직장인의 자기계발과 얼마나 연관되어 있는지를 이야기했다. 마지막으로 다음과 같은 내용으로 3장을 정리해보자. 지금까지 설명했듯이 수학이라는 학문을 통해 직장인이 익힐 수 있는 기초 능력은 다음 다섯 가지다.

· 설명하는 힘

· 탐구하는 힘

· 부정하는 능력

· 발상하는 능력

· 정리하는 능력

다양한 비즈니스 서적이나 세미나로 자기계발을 하는 것도 좋다. 그러나 이것들을 묶어서 한 번에 훈련하는 방법이 최고이다. 그건 바로 수학을 다시 배우는 것이라고 나는 딱 잘라 말하겠다. 지금부터라도 수학을 익히면 그야말로 엄청난 이점을 얻을 수 있다. 우선은 근육 트레이닝으로 도전해주었으면 한다. 공부법은 학창시절의 교과서나 참고서 등을 다시 들춰보는 것도 좋고, 시중에 많이 나와 있는 어른을 위한 수학 다시 배우기 책을 이용해도 된다.

바쁜 직장인인 여러분은 당장 써먹을 수 있는 실천적인 수학 기술을 간절히 원할 것이다. 빨리 계산하는 방법이나 전자계산기 사용법, 엑셀의 함수식 같은 것들 말이다. 하지만 나는 단순히 기술을 전달하는 일은 목에 칼이 들어와도 절대로, 절대로 하지 않는다. 이 책에서는 물론, 직장인을 위한 강연이나 세미나에서도 마찬가지다. 여러분이 단숨에 수학을 아주 좋아하게 될 거라고 생각하지는 않는다. 그것은 무리니까. 하지만 최소한 수학과 '친해질' 필요는 있다. 기계적으로 머릿속에 집어넣은 지식은 비즈니스 현장에서 결코 '써먹을 수 없기' 때문이다.

영어를 예로 들면 쉽게 이해가 될 것이다. 아무리 문법이나 단어를 줄줄 외워도 회화는 늘지 않는다. 지금 눈앞에 외국인이 있다면 여러분 가운데 영어로 자연스럽게 몇 분 동안 대화를 나눌 수 있는 사람이 과연 몇 명이나 될까?

그럼 이제 무엇을 하면 될까? 답은 아주 간단하다. 수학, 아니 좀 더 엄밀히 말하면 숫자와 친해져서 사이좋은 친구가 되는 것이다.

숫자를 보는 건 너무너무 싫지만…… 업무에 써먹을 수 있는 기술은 알려주세요!

내가 보기에 이런 말은 참으로 난센스다. 숫자와 친해져야 현장에서 '써먹게' 된다. 그러면 다음과 같은 일을 쉽게 해내게 된다.

· 가시화할 수 있게 된다
· 망설이지 않게 된다
· 손해를 보지 않게 된다
· 설득할 수 있게 된다
· 업무가 빨라진다

결론적으로 직장인이 수학을 다시 배우는 목적은 두 가지다. 하나는 어디까지나 차분하게 수학을 사용하여 다섯 가지 기초

	직장인의 수학 다시 배우기	
	① 순수 수학	② 비즈니스 수학
콘텐츠	학교 수학, 시험용 수학	비즈니스용 수학
목적	근육 트레이닝	기술 습득
필요	점수나 정답에 집착하지 않고 자유로이 즐긴다	'푸는' 것이 아니라 '써먹는' 것
방법	학습참고서 수학 다시 배우기 책	비즈니스 서적 비즈니스 수학책
이점	설명하는 힘	가시화할 수 있게 된다
	탐구하는 힘	망설이지 않게 된다
	부정하는 능력	손해를 보지 않게 된다
	발상하는 능력	설득할 수 있게 된다
	정리하는 능력	업무가 빨라진다

능력을 키우는 것. 다른 하나는 당장 현장에서 써먹을 수 있는 비즈니스 수학을 '기술'로서 배우는 것이다.

이 책은 이제부터 두 번째를 목적으로 하는 사람을 중심으로 진행된다. 제4장에서는 직장인에게 필요한 숫자 열등감을 극복하는 방법을 알려준다. 지금까지 많이 기다렸을 것이다. '업무에 써먹을 수 있는 수학'을 본격적으로 배워보자!

4장

수학 알레르기를 어떻게 고칠까

22

숫자 스트레스를 한 방에 날리는 계산법

곱셈이 뺄셈으로 변신한다

아무리 숫자 알레르기가 있는 사람이라도 사칙연산은 해봤을 것이다. 초등학교를 졸업했다면 누구나 사칙연산을 하는 방법은 안다. 그러나 어떻게 써먹으면 좋을지는 아직 잘 모른다. 구체적인 예를 들어보자.

9,999×8=?

분명히 많은 사람들이 "계산은 할 수 있지만 좀 귀찮네……" 라고 생각할 것이다. 너무나 당연하게도 이 문제는 우리가 잘 아는 '곱셈'을 사용해 정답을 이끌어낼 수 있다. 하지만 계산 결과를 구하는 도구를 네 개나 갖고 있으니 훨씬 더 간단하게 구할 방법이 있다면 당연히 그것을 사용하는 것이 훨씬 좋다. 나라면 이렇게 계산할 것이다.

9,999×8=(10,000-1)×8=80,000-8=79,992

앗, 곱셈 문제가 뺄셈으로 바뀌자 번거로운 계산 없이 끝났다. 이런 계산 방법에 혐오감을 품거나 스트레스를 받는 사람은 별로 없을 것이다. 앞에서 예로 든 숫자 계산은 보는 순간 스트레스가 쌓인다. 그리고 그것은 다음과 같은 나쁜 흐름을 낳는다.

약간 귀찮은 계산을 강요당한다

↓

하지만 정답을 이끌어내야 하므로 배운 대로 계산한다

↓

계산은 할 수 있지만 스트레스를 받으며 재미가 하나도 없다

↓

스트레스를 조금도 해소하지 못하고 다음 문제를 푼다

↓

다시 귀찮은 계산을 앞에 두고 스트레스를 받는다

앞의 문제처럼 우리는 '×'라는 기호가 있으면 무의식중에 그대로 곱셈을 해야 한다고 여긴다. 하지만 사실은 그 생각이 숫자 알레르기를 낳은 악의 근원 아닐까? 쉽게 계산하려면 사칙연산을 자유자재로 다뤄야 한다. 아래 문제는 어떻게 계산할 것인가?

문제

① 1,200엔짜리 상품의 원가율은 75%이다. 원가는 얼마인가?

② A사 전체 사원 90명의 하루 통근비(왕복)는 평균 890엔이다.
이 회사는 하루에 얼마의 교통비를 들여서 종업원을 근무시키고 있는가?

③ B가게의 지난 달 고객 수는 200명이고 매출액은 1,190만 엔이었다.
고객 1인당 매출액은 얼마였을까?

어떤 업무를 하고 있더라도 관련 있는 문제로 다들 계산할 수 있을 것이다.

하지만 어떻게 하면 스트레스를 줄일까? 전혀 어렵지 않다. 게임하듯 즐겨보자. 즐기는 것이 '알레르기'를 극복하는 첫걸음이다. 참고로 내 해답은 다음 페이지에 있는 〈도표 22-1〉에 제시했다.

〈도표 22-1〉 사칙연산을 자유자재로

소수보다 분수가 계산이 쉽지

$1,200 \times 0.75 = 12 \times 100 \times 0.75 = 12 \times 75 = \cdots$ 스트레스

$1,200 \times \frac{75}{100} = 1,200 \times \frac{3}{4} = 300 \times 3 = 900$엔

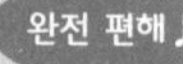

자릿수를 올리는 계산은 필요 없어

$90 \times 890 = \cdots$ 스트레스

완전 편해♪

$90 \times 890 = 90 \times (900-10) = 81,000-900 = 80,100$엔

나눌 수 있는 수를 만들면 쉽지

$1,190 \div 200 = \cdots$ 스트레스

완전 편해♪

$1,190 \div 200 = (1,200-10) \div 200 = 6-0.05 = 5.95$만 엔

23

인도수학으로 계산이 쉬워진다

실수를 하지 않는 계산 방식

앞에서 계산을 즐기자고 했는데 구체적인 방법은 아직 제안하지 않았다. 결론부터 말하자면 바로 이것이다.

인도식 수학과 친해지자

'인도수학'이란 말을 들어본 적이 있는가. 가끔 포털 사이트 실시간 검색어에도 올라오곤 한다. 하지만 인도 커리는 알아도 인도수학은 처음 들어본 사람도 있고, 말은 들어보았어도 인도수학이 뭔지 잘 모르는 사람이 많을 것이다. 여기서 자세히 알아보자.

인도식 계산이란 인도의 학교에서 가르치는, 우리와는 다른 독특한 계산 방법을 말한다. 예를 들면 우리는 곱셈의 기본으로 구구단을 가르치는데 인도에서는 19×19(361가지)까지 암기시킨다고 한다. 이것만으로도 암기량이 우리의 네 배가 된다.

인도식 수학 하면 '계산 속도가 빨라진다'는 데에만 초점이 맞춰지곤 하는데, 인도식 계산의 사고방식에서 정말로 중요한 것은 '틀린 계산을 하지 않는다'이다. 여기서 3자리 곱셈을 생각해보자.

297×477=?

우리나라에서 수학 교육을 받은 사람은 두 개의 숫자를 세로로 나란히 써서 이렇게 계산한다.

```
   297
×  477
──────
  2079
 2079
   ⋮
```

인도수학에서는 계산 결과의 각 자리를 어떻게 이끌어낼지 미리 공식화해놓았기 때문에 기억하기가 쉽다. 3자릿수끼리의 곱셈을 먼저 ○△□ ×●▲■ 라고 해보자. 즉 ○과 ●는 100의

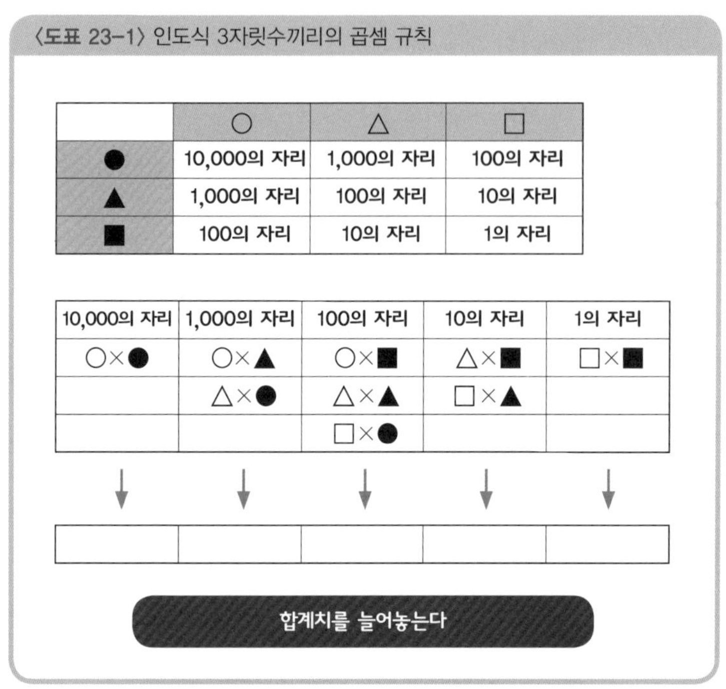

〈도표 23-1〉 인도식 3자릿수끼리의 곱셈 규칙

	○	△	□
●	10,000의 자리	1,000의 자리	100의 자리
▲	1,000의 자리	100의 자리	10의 자리
■	100의 자리	10의 자리	1의 자리

10,000의 자리	1,000의 자리	100의 자리	10의 자리	1의 자리
○×●	○×▲	○×■	△×■	□×■
	△×●	△×▲	□×▲	
		□×●		

자리 숫자를 나타내고 △과 ▲는 10의 자리…… 가 된다. 〈도표 23-1〉과 같이 각 자리끼리 곱셈을 하면 아홉 개의 숫자가 계산된다. 이것을 규칙에 따라 1의 자리부터 10,000의 자리로 나누고 마지막에 덧셈을 한다. 얼핏 보기엔 번거로울 것 같지만 해보면 아주 간단하다.

실제로 한 번 해보자. 이것을 사용하면 297×477이 멋지게 계산된다. 일일이 설명하기보다 사례를 드는 것이 알기 쉬우니 〈도표 23-2〉를 보자.

〈도표 23-2〉 297×477은 어떻게 계산하는가?

	2	9	7
4	8	36	28
7	14	63	49
7	14	63	49

10,000의 자리	1,000의 자리	100의 자리	10의 자리	1의 자리
8	14	14	63	49
	36	63	49	
		28		

↓

8	50	105	112	49

↓

8	50	105	116	9

4를 더한다!

8	50	116	6	9

11을 더한다!

8	61	6	6	9

11을 더한다!

14	1	6	6	9

6을 더한다!

↓

141,669

어떤가? 잘 보면 우리가 사용하는 계산 방법과 완전히 똑같은데 '구해진 숫자의 십 이상을 옆의 숫자에 더하기'라는 참으로 간단한 조작이 계산을 쉽게 해준다. 빨리 계산하기보다는 계산할 때 실수를 저지를 가능성이 낮은 방법이라는 생각이 들지 않는가?

우리가 계산 때문에 스트레스를 받는 상황은 크게 나누면 다음의 세 가지 경우일 것이다.

· '9×9' 이상의 곱셈을 할 때
· 그에 따라 자릿수가 올라가는 일이 일어날 때
· 나누어떨어지지 않는 경우의 나눗셈을 할 때

인도식 계산은 이런 상황에서 얼마나 스트레스를 받지 않고, 실수를 저지르지 않고 계산할 수 있는지를 철저히 생각한 결과 생겨난 방식이다. 인도는 전 세계적으로 가장 뛰어난 IT 관계자나 기술자를 배출하는 나라로 유명하다. 그런 뛰어난 인재가 많이 나오는 진짜 이유는 단지 인구가 많기 때문이 아니라 어려서부터 배운 '실수를 하지 않는 요령' 덕분일 것이다.

정리하자면, 숫자 알레르기를 가진 직장인에게 내가 인도식 계산을 권하는 이유는 세 가지다.

· 계산을 즐길 수 있다

· 다시금 숫자와 친해질 수 있다

· 비즈니스에서도 유용한 '실수를 줄이는 공부'를 할 수 있다

이처럼 인도수학을 연습해보는 것이 학창시절의 골치 아프게 생긴 수학책이나 참고서를 다시 들춰보는 것보다 훨씬 재미있고 도움도 된다.

24

비즈니스에서 '비율'의 역할을 이해하자

필요한 것은 '양' 자체가 아니라 '양'을 평가하는 것

계산 이야기는 이쯤하고 비즈니스 상황에서 필수적인 수학의 기초 개념으로 돌아가자. 여기서는 누구나 사용하는 '비율' 이야기를 해보겠다. 아무리 수학을 못했던 사람이라도 비즈니스 현장에서 활약하려면 반드시 뛰어넘어야 하는 장애물이 '비율'을 올바르게 해석하는 일이다. 질문을 하나 해보겠다.

왜 우리에게 비율이라는 사고방식이 필요할까?

정답은 사물의 양이 많은지 적은지를 평가할 수 있기 때문이다. 직장인을 위한 강연에서 수강생들에게 자주 이렇게 물어본다.

문제

아이돌 그룹 빅뱅의 팬이 100명 있다. 이 수는 많은가 적은가?

유감스럽지만 '많다' 또는 '적다'라고 대답한 사람은 비율의 개념을 모르는 것이다. '모르겠다'고 대답한 사람은 훌륭하다! 합격이다. 여기서는 앞에서 미리 설명했기에 대다수 독자가 그렇게 대답했겠지만, 실제 강의나 세미나에서 학생이나 회사원에게 이 질문을 하면 의외로 '적다'고 답하는 사람이 많다. 전국에서 100명이라면 적다. 그러나 130명을 대상으로 한 앙케이트에서 100명이 팬이라고 대답했다면 분명 많다고 할 것이다. 내가 말하고 싶은 것은 숫자(양)는 비교 대상이 있어야 비로소 의미를 갖고, 평가가 가능하다는 점이다.

두말할 것도 없이 비즈니스의 세계는 온통 숫자로 평가된다. 매출, 비용, 야근 시간, 사원 수, 고객 수 등……. 그러나 그 숫자('실수'라고 부른다)만 갖고는 아무것도 말할 수 없다. '비율'을 자유자재로 쓰지 못한다는 것은 직장인으로서는 치명적이다.

자, 구구절절한 설명은 이쯤하고 지금부터 '비율'을 사용해 숫자와 좀 더 친해져보자. 그 정도는 자신 있는가?

"퍼센트 계산이죠? 바보 취급 마시라구요."

이렇게 말하고 싶은 여러분의 표정이 보이는 것 같다. 그럼 아래 숫자를 평가해보자.

문제

① A사의 매출은 1억 엔이고 B사의 매출은 1.5억 엔, 단 판매 관리비는 A사가 1,000만 엔이며 B사는 3,000만 엔이다.

② C사의 지난해 경상이익은 12억 엔, 경상이익률은 24%였다.

③ D사의 인건비는 2011년도 1억 2,600만 엔, 다음 해는 1억 500만 엔이었다.

'…… 그래서 어떻게 해야 하지?'

이런 생각이 들었는가? 예전에 학교 시험에서는 '○○을 구하시오'라는 문제가 나왔다. 그리고 그것을 구할 때 필요한 것은 모두 갖춰져 있었다. 그러나 비즈니스에서는 이야기가 다르다. '○○을 구하시오'라는 상황은 거의 없다. 그 말은 '문제 형식이 아닌 상황에서 숫자를 사용해 무엇을 알아낼 것인가'를 생각하는 훈련이 필요하다는 뜻이다. 바로 이것이 학생이 아니라 직장인에게 필요한 수학으로, 수학을 못한다는 의식을 극복하는 방법이기도 하다.

①의 숫자는 이렇게 해석한다

너무나 당연한 말이지만 1.5억 엔의 매출인 B사는 대단하다, 이렇게만 생각하면 절대 안 된다. 그냥 숫자가 아니라 비율로 비교해야만 평가가 가능하다.

A사: 매출에 대한 판매 관리비 비율

0.1억÷1.0억×100=10%

B사: 매출에 대한 판매 관리비 비율

0.3억÷1.5억×100=20%

A사가 적은 비용으로 매출을 올리고 있다고 평가할 수 있다.

②의 숫자는 이렇게 해석한다

비율로 총매출액을 이끌어낼 수 있다면 합격. '100의 20퍼센트는 20'이라는 개념은 머릿속에 확 들어오지만 부분적인 숫자에서 전체 숫자를 읽어내는 일에는 별로 익숙하지 않은데 실생활에서 잘 쓰지 않기 때문이다.

총매출액

=12억÷0.24=12억÷24×100=0.5억×100=50억 엔

③의 숫자는 이렇게 해석한다

2011년의 숫자를 기준으로 하면 약 17퍼센트 감소다. 반대로 2012년의 숫자를 기준으로 하면 2011년의 숫자는 20퍼센트 많다. 기준을 바꾸면 비율의 값도 달라진다는 것을 확인하자. 또 제2장에서도 이야기했지만 120퍼센트 증가 운운 하는 평가는 절대 하지 않기!

· 2011년도 숫자를 기준으로 2012년도 평가:
1050÷1260×100≒83% 즉 약 17% 적다
· 2012년도 숫자를 기준으로 2011년도 평가:
1260÷1050×100=120% 즉 딱 20% 많다

계속해서 직장인의 관점에서 숫자와 친해지는 방법을 알아보자.

25

협상의 방정식을 끌어내는 '비'

비를 이용해 다양한 평가기준을 만들자

자, 비율 다음으로 여러분이 친해졌으면 하는 것이 '비'이다. 이 '비'를 잘 사용하는 능력이 왜 직장인에게 필요한지 함께 생각해보자. A사의 사원 수는 50명, B사의 사원 수는 25명이라고 하면 두 회사의 사원 수의 비는 물론 2:1이 된다. 여기까지는 이해했는가? 중요한 것은 지금부터다.

직장인은 비를 '구하는' 것이 아니라 '사용하는' 사람들이다

무슨 소리일까? 앞의 예와 같이 2:1이라고 대답을 했다고 치자. 그러면 비즈니스 현장에서는 '그래서?'란 말이 튀어나온다.

학생 때는 '정답!'이라고 칭찬을 받았는데 말이다. 즉 직장에서는 비를 구하는 것이 아니라 사용하여 '말하자면 구체적으로 이러이러하다'라는 말이 요구된다는 뜻이다. 다음과 같은 유명한 법칙을 사례로 들어보겠다.

협상의 타협점 6:4

직장인인 우리의 업무는 이런 비를 '구하는' 것이 아니다. 이것을 '사용하여' 업무에 유용한 숫자나 사실을 끌어내야 한다. 그런 이유로 비즈니스 서적에 등장하는 법칙 등은 숫자와 비로 표현되어 있는 것이 많다. '이 비를 사용하시오'라는 메시지가 담겨 있는 셈이다.

숫자에 약한 사람은 이런 비를 봐도 무심코 '그렇구나~' 하고 끝내버리는 경향이 있다. 오늘부터 바꾸자. 비의 개념을 올바르게 이해하고 유용한 숫자를 끌어내는 습관을 들이는 것이다. 위의 비는 협상의 타협점을 쌍방에게 정확히 6:4의 위치가 되는 사례가 많다는 법칙이다. 하지만 그것만으로는 초등학교 산수 이야기. 이 비를 사용하여 구체적으로 협상의 방정식을 끌어내야 한다. 여기서 문제 하나.

문제

A사는 B사로부터 매입률을 5% 내리는 협상을 했다. 어떤 결과가 생길까?

우선은 '비'를 옳게 이해해보자. 일단 이 문제 말고 다음 문제부터 생각해보자.

문제

100을 1:1로 나누면 각각 얼마일까?

50이다. 바보 취급 말라고 화를 내지는 말자. 여러분을 놀릴 생각은 결코 없다. 이 정도로 간단한 문제라면 직감적으로 대답할 수 있겠지만 중요한 것은 왜 50인가 하는 점이다. 1:1로 나눈다는 것은 전체를 1+1='2'라고 하고서 '1'을 구하는 것이 되므로 50이다.

$$100 \times \frac{1}{1+1} = 100 \times \frac{1}{2} = 50$$

그럼 앞의 매입률 문제로 돌아가자. 타협점이 6:4의 위치가 된다는 것은 전체를 6+4=10으로 했을 때 '6'과 '4'로 나눌 수 있다는 것이다. 이를 다시 정리하면 다음과 같다.

$$5 \times \frac{6}{6+4} = 5 \times \frac{6}{10} = 3$$

3퍼센트까지 내릴 수 있다는 결과가 나온다. 5퍼센트까지 내리는 것이 목표였다면 애초에 최초 협상 시 5퍼센트라는 숫자를 제시한 것 자체가 잘못이었다. 구체적으로는 어느 정도의 수치로 협상하면 타협점이 5퍼센트가 되는지 각자 계산해보자. 업무 현장에서 '비'를 이용해 다양한 '평가기준'을 측정하고 숫자를 다루는 횟수를 늘려보자. 꼭 해보자!

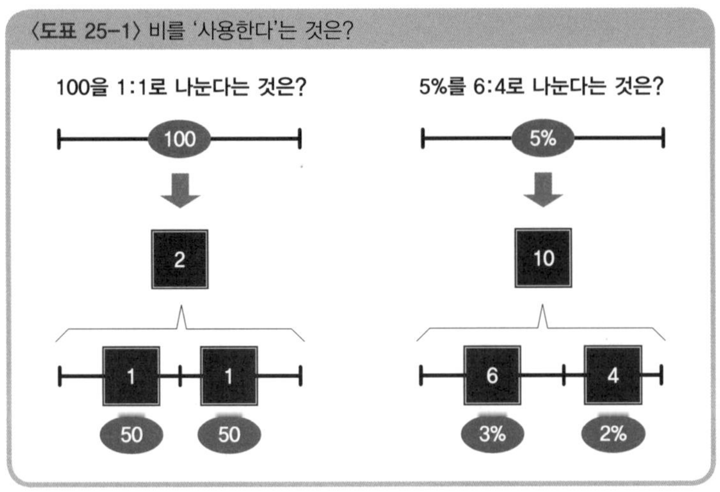

26

유능한 직장인은 '뺄셈 사고'를 한다

뺄셈은 만병통치약

좀 뜬금없는 질문을 하나 해보자.

마라톤 선수는 왜 막판 스퍼드가 가능할까?

'체력이 남아 있으니까.' 그렇다, 맞는 말이다. 하지만 약간 초점이 엇나갔다. 미안하지만 내가 원하는 답은 그게 아니다. 너무나 당연해서 들으면 약간 김이 새긴 하지만 아마도 지금쯤은 깨달았을 것이다.

골인 지점을 정하고 거기에서 뺄셈을 하고 있으므로

마라톤 선수는 42.195킬로미터에서 현재 지점의 거리를 빼고 남은 거리에 따라 달리는 방법을 바꾼다. 출발했을 때, 중간 지점, 골인 직전이 각각 다른 것이다.

당연한 소리라고? 그럼 묻겠다. 여러분은 그 당연한 것을 업무 현장에서 실천하고 있는가?

지금부터 여러분에게 보여줄 사례는 단순한 계산 이야기가 아니다. '뺄셈 사고방식'이다. 숫자나 수학 알레르기를 극복하려면 무조건 숫자를 많이 접하고 잘 다뤄야 한다고 오해하는 사람이 있는데 그것은 틀렸다. 직장인은 어디까지나 숫자를 사용한 '사고방식'을 익히는 훈련이 필요하다.

사례 1

오늘 신입사원 A가 거래처에서 20만 엔의 일을 수주했다! 거래처를 여러 번 찾아가는 등 늦게까지 열심히 했으니까, 축하해!

진심으로 축하한다. A는 물론 동료에게도 기쁜 뉴스다. 그러나 찬물을 끼얹는 것 같아 미안하지만 이 수주를 위해 과연 A는 어느 정도의 비용을 들였을까? 원가를 대충 계산해보니 30만 엔이었다면…….

20-30 = -10만 엔

신입사원 A가 나쁘다는 뜻은 결코 아니다. 중요한 것은 그런 관점을 잊고 있는 건 아닌가와 그 부분까지 이해한 다음에 축하를 해줘야 한다는 사실이다. 하지만 나도 A에게 축하한다고 전하고 싶다. 중요한 첫걸음이니까!

사례 2

업무시간은 9시 30분부터 18시까지. 오늘은 정시 퇴근할 예정. 현재 14시 30분. 자, 오늘 업무의 50퍼센트를 마쳤다. 좀 천천히 일을 해도 괜찮을까나.

목표 시간은 오후 6시. 뺄셈을 하면 남은 시간은 3시간 30분. 점심시간 1시간을 빼면 이미 아침부터 4시간 근무했다.

4시간 ⇒ 약 50퍼센트 완료

남은 3시간 ⇒ 남은 50퍼센트가 완료될지 의문

주제넘은 참견일지 모르지만 일을 너무 천천히 했다가는 칼퇴근이 힘들어지지 않을까 걱정된다.

사례 3

중요한 프레젠테이션 자료를 만들기 위해 매일 늦게까지 열심히 일하고 있는 B. 다 만들어진 자료를 본 상사는 '이렇게 많이는 필요 없다'면서 양을 줄이라고 지시한다.

나도 젊었을 적에는 자주 그랬다(웃음). 먼저 목표를 설정해 두지 않으면 이렇게 된다. 일은 다음과 같은 뺄셈으로 정해진다.

일 = 있어야 할 프레젠테이션 자료 - 현재 있는 프레젠테이션 자료

결국 매일 늦게까지 남아서 일을 할 필요는 없었는지도 모른다. 매일매일의 모든 업무에서 '뺄셈 사고'를 해야 한다. 직장인에게는 '123456-654321=?'에 곧바로 답할 수 있는 능력이 아니라 업무를 숫자나 수식으로 인식하여 뺄셈을 하는 사고방식, 즉 '뺄셈 사고'가 중요하다.

어떻게 하면 '나는 못해!'라는 의식이나 스트레스 없이 숫자를 다룰 수 있는가가 이번 장의 주제인데, 유감스럽게도 다음과 같은 행위는 얼핏 알레르기 극복이 될 것 같지만 사실은 전혀 효과가 없다.

· 의미 없는 계산을 열심히 암산해본다
· 숫자가 빽빽하게 적힌 신문이나 자료 등을 목적 없이 무작정 읽는다

부디 기계적인 작업이 아니라 숫자를 활용하는 상황을 늘려보기를 바란다. 가장 효과적인 방법은 다양한 상황에서 '목표를 정해서 뺄셈해보기'이다.

27

나눗셈으로 쉽게 평가하자

도대체 어떤 숫자를 뭘로 나누어야 할까

바로 앞에서 뺄셈의 중요성을 말했는데 사칙연산에서 또 하나 빠뜨릴 수 없는 중요한 것이 '나눗셈'이다. 비율 이야기에서도 똑같은 말을 했는데 직장에서는 평가하는 상황이 자주 발생한다. 그럴 때 유용하게 써먹는 것이 바로 '나눗셈'이다.

나눗셈이 중요하다는 사실은 모두 잘 안다. 내가 하고 싶은 말은 여기부터로 가장 중요한 것은 '평가지표를 무엇으로 할 것인가'다. 실제 업무 현장에는 수많은 숫자가 어지럽게 날아다니고 자료에는 너무도 많은 지표들이 나와 있다. 과연 어떤 수로 나누면 좋을지를 제대로, 확실하게 꿰뚫어보는 능력이 필요하다.

다음 문제를 살펴보자.

〈도표 27-1〉 어떤 점포가 우수한지 평가해보자

아래 표는 어느 의류회사의 지난 달 점포별 판매 수치다. 종업원을 가장 효율적으로 활용해 매출을 올리고 있는 점포는 어딘지 파악하고 싶은 경우 어떻게 해야 할까?

	A점	B점	C점
매출(엔)	19,727,400	13,884,549	15,615,750
점포 면적 (제곱미터)	180	218	231
종업원 수(명)	41	33	26
구입 수(건)	1,540	1,059	1,410
평균 구입 단가 (엔)	12,810	13,111	11,075

비즈니스 수학에 익숙하지 않으면 도대체 어떤 숫자를 뭘로 나누어야 하는지 알지 못할 것이다. 이번 문제에서 알고 싶은 것은 '종업원을 가장 효율적으로 활용해 매출을 올리고 있는 가게'다. 그러므로 이중에서 '매출'과 '종업원 수'만 살펴보면 된다. 여기서 다른 숫자들은 아무 의미가 없다.

A점 : 19,727,400÷41≒481,156엔

B점 : 13,884,549÷33≒420,744엔

C점 : 15,615,750÷26≒600,606엔

종업원 1인당 매출액을 나눗셈으로 구하면 같은 기준끼리의 숫자로 비교가 가능하므로 C점이 가장 우수하다는 것을 알 수 있다. 점포 면적을 기준으로 가장 효율적인 매출을 올리고 있는 가게는 어디인지를 조사하면 이렇게 된다.

A점: 19,727,400÷180≒109,596엔

B점: 13,884,549÷218≒63,690엔

C점: 15,615,750÷231≒67,600엔

단연 A점이 우수하다. 그럼 어떻게 평가하면 좋을까? 참으로 혼란스럽다. 하지만 이런 상황은 우리가 업무 현장에서 매일매일 부딪치게 된다. 나도 샐러리맨 시절 수없이 이런 상황에 처했다. 이런 혼란은 숫자에 약한 사람에게 공통된 어떤 오해 때문에 생겨난다. 그것이 무엇이냐 하면…….

오해 ①: 데이터는 많으면 많을수록 좋다

오해 ②: 되도록 많은 데이터를 사용하여 계산하는 것이 좋다

오해 ③: 나오는 숫자는 모두 사용해야 한다

오해 ④: 다른 측면에서 나눗셈을 해도 얻어지는 결과(진실)는 분명히 같을 것이다

어떤가? 고개가 끄덕여지지 않는가? 위의 오해 가운데 한 가지라도 해당하는 것이 있다면 앞으로는 그 인식을 완전히 바꾸자. 올바른 해석은 다음과 같다.

중요한 것은 나눗셈을 하는 것 자체가 아니라 무엇을 기준으로 평가할 것인지 명확하게 한 다음 필요한 숫자를 나눗셈하는 것!

이것을 착각하면 위의 예와 같이 서로 다른 결론이 나와 혼란스러워진다. 뭐든지 나눗셈만 하면 되는 게 아니다. 극단적으로 말하면 평가 지표를 하나 정하고 그것을 구하기 위해 나눗셈은 딱 한 번 하는 것으로 충분하다.

28

모든 것을 숫자로 해석하는 습관을 들이자

숫자가 없는 곳에서 숫자 끄집어내기

"지금도 수학은 정말이지 너무 싫어!"

이렇게 말하는 친구에게 이유를 물어보았다.

"숫자의 나열이나 수식을 보면 오싹해. 뭔가 암호를 억지로 읽고 있는 느낌이야."

이번 장에는 이런 분들이 꼭 읽었으면 하는 내용을 실었다.

수학이 정말 오싹한지는 일단 제쳐두고, 암호 같다는 말은 나름 그럴 수 있다는 생각도 든다.

$$(x+a)^n = \sum_{k=0}^{n} \binom{n}{k} x^k a^{n-k}$$

확실히 이런 수식을 보면 뭐라고 할 말이 없다. 현실적이지 않고 내가 봐도 암호 같다. 그래서 숫자만 보면 '모르겠다'는 생각부터 떠올리는 사람의 알레르기 반응을 어떻게 하면 누그러뜨릴 수 있을까 하고 생각해보았다. 고심 끝에 답을 찾아냈다.

당장 때려치우기: 숫자의 나열이나 수식 열심히 해독하기

오늘부터 꼭 해보기: 일상적으로 사용하는 문서나 대화를 숫자로 표현하기

숫자는 언어다. 그것도 다른 언어로는 표현할 수 없는 간결함과 명쾌함을 가진 과학의 언어다. 이 장에서 배운 비율이나 비를 떠올려보라. 그렇다면 숫자를 언어로 파악하고, 숫자가 하나도 없는 문장을 숫자로 바꿔보면 어떨까. 어렵게 생각하지 말고 즐겁게 게임식으로 해보자.

문제

아래 문장을 수식으로 표현하면 어떻게 될까 생각해보자.

'신입사원에게는 먼저 기초를 가르친다. 기초가 갖춰져 있는 사람은 비약적으로 향상된다.'

어이가 없다고? 정말 말도 안 되는 문제일 수 있지만 이 정도 말이 안 되는 문제가 딱 좋다. 정답은 하나가 아니다. 자유로운 발상으로 숫자를 떠올려보자.

이렇게 해보면 어떨까? 먼저 '신입사원'은 아직 입사해서 크게 하는 일이 없는 사람이므로 '0'이라고 하자. '기초를 가르친다'는 그 0을 1로 바꾸는 작업이라 생각하자. 즉 '0+1'. 뒷부분의 '향상된다'는 일정한 수가 아니라 예를 들면 두 배씩이라는 형태로 증가하는 것이 연상될 수 있다.

첫해 = 0 or 1 (=0+1)

2년째 = (첫해)×2

3년째 = (2년째)×2

⋮

n년째 = (n-1년째)×2

즉 기초가 갖춰지면 기하급수적으로 능력은 높아져간다(비약적으로 향상된다). 반대로 기초가 없으면 아무리 시간을 들여도 똑같다(0에 몇을 곱해도 0). 이 개념을 수학에 등장하는 수식으로 표현하면 이렇게 된다.

$a_n = (0 \text{ 또는 } 1) \times 2^{n-1}$: a_n은 n년째의 값

어떤가? 갑자기 이 수식을 보여주면서 '해석하시오'라는 말을 들으면 머릿속이 하얗게 변할 것이다. 그러나 앞에서 나왔듯 지극히 평범한 문장을 숫자로 바꿔보면 훨씬 재미있게 숫자를 접할 수 있다.

그럼 연습을 위해 문제를 더 내보겠다. 다시 한 번 말하지만 정답은 하나가 아니다. 자유로운 발상으로 숫자를 떠올려보자.

문제

① **'있잖아, 나를 얼마나 좋아해?'**
그녀에게 이런 질문을 받았다. 당신(남성)은 이 위기를 어떻게 벗어날 것인가?

② **A부장보다 B부장의 관리 능력이 떨어진다는 것을 누가 보아도 한눈에 알 수 있도록 표현해보라.**

마지막으로 여러분의 마음속에 남아 있을 한 가지 의문에 대답하겠다. 이렇게 게임식으로 숫자 다루기에 익숙해진다고 해 그것이 비즈니스 현장에서 정말로 유용할까 하는 의문을 여전히 품고 있을 것이다. 그 의문에 대한 답은 물론 'YES'다.

비즈니스 현장에서도 이런 대화가 자연스럽게 가능해진다.

현 시점을 1이라고 하면 내년에는 1.4 정도가 될 것이다

즉 숫자가 없는 곳에서 스스로 숫자를 끄집어내 대화를 하게 되는 것이다. 어떤가, 일을 척척 해내는 유능한 직장인의 포스가 느껴지지 않는가? 나도 모르게 숫자가 싫다는 생각이 사라지고 아무렇지도 않게 숫자를 활용하게 된다. 그것이 재미있다는 생각이 들었다면 수학 알레르기는 사라지기 시작한 것이다.

TIP

암산이 빨라지는 인도수학 활용하기

계산 능력을 높여준다는 인도수학에 대해 좀 더 알아보자. 앞에서 곱셈을 뺄셈으로 바꿔 계산하는 법과 세 자릿수끼리의 곱하기를 살펴보았는데 그 밖에도 다양한 방법이 있다.

인도수학은 사실 빨리 계산하기 위해 숫자의 구조를 고민하게 하고 그러면서 수학 실력을 길러주는 방식이다.

① 여러 숫자가 나오는 더하기 쉽게 하기

: 먼저 끝 숫자가 보수가 되는 짝을 찾는다.

77 + 24 + 13 + 11 + 39 + 56 =

(77+13) + (24 + 56) + (11 + 39) =

보수는 더해서 특정수가 나오는 걸 말하는데 10의 7에 대한 보수는 3이다. 1은 9, 4는 6이 각각 보수가 된다. 보수끼리 짝지으면 쉽게 계산할 수 있다.

② 크기가 비슷한 숫자의 더하기와 빼기

: 매출액이나 고객 수를 계산할 때 비슷한 숫자가 반복되는 경우가 많다.

그 경우 하나의 숫자를 중심으로 나머지를 더하기 빼기를 해서 구하면 쉽다.

$$357 + 343 + 360 + 337 + 352 + 361 =$$

$$(357 - 350) + (343 + 350) + (360 - 350) + (337 - 350)$$

$$+ (352 - 350) + (361 - 350) =$$

350을 기준으로 나머지를 빼고 더해보자.

③ 덧셈과 뺄셈이 섞여 있는 경우

: 덧셈은 덧셈끼리, 뺄셈은 뺄셈끼리 모아 더하고 마지막에 빼준다.

$$214 - 323 + 789 - 488 =$$

$$(214 + 789) - (323 + 488) =$$

④ 두 자릿수 곱하기

: 크로스 계산법을 익혀두자.

```
   28        28        28
 × 74      × 74      × 74
 ----      ----      ----
           14 32     14 32
                         8
                     + 5 6
                     -----
                     20 72
```

먼저 2×7을 해 앞에 쓰고 8×4는 뒤에 쓴다. 14 32

크로스로 2×4를 해 한 자리이므로 십의 자리에 쓴다. 8

(실제로는 20×40이므로)

크로스로 8×7을 해 백의 자리부터 쓴다. 5 6

(실제로는 8×700이므로)

다 더해주면 된다. 20 72

⑤ 100에 가까운 수 곱하기

: 공식을 알아두면 너무도 쉽게 풀린다. 각 수가 100에서 얼마나 모자란지 옆에 적는다.

98×94 = ?

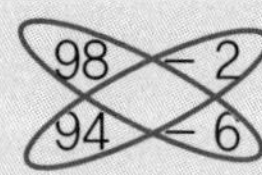

98 − 6 = 92
94 − 2 = 92

수를 98−6, 94−2 대각선으로 계산을 한다.

둘이 같은 수가 나오고, 이 92가 앞의 두 자리 답이 된다. 92

나머지는 오른쪽에 적어놓은 −2와 −6을 곱해 12

이 수에 붙인다.

즉 9212가 답이 된다. 92 12

정말 기적 같은 계산법이지 않은가?

⑥ 나눗셈, 반으로 약분해서 계산하자

: 나누어떨어지지 않는다면 소수점 아래까지 계산한다.

$428 \div 4 = 214 \div 2 = 107 \div 1$

$626 \div 6 = 313 \div 3 = 100 \times 13 \div 3 = 104.33333...$

다 알고 있는 방법이라고? 그렇다면 당신은 숫자 감각이 꽤 높은 사람이다. 인도수학 관련 책을 사서 본격적으로 수의 구조를 탐구해보자.

출처 – 《계산이 빨라지는 인도 베다 수학》

5장

잘 나가는 직장인은 수학으로 일한다

29

정상적인 것을 '정량적인 것'으로 바꾸자

숫자로 가시화하기

드디어 업무 현장에서 실제로 '사용할 수 있는' 수학의 등장이다. 앞 장에서 제안한, 숫자와 사이좋게 지내는 방법을 하나하나 실천해가면서 내가 이제부터 이야기하는 기술까지 익히면 여러분은 숫자를 마음대로 갖고 노는 유능한 직장인이 될 수 있다. 자, 도전해보자!

문제

당신은 소매업체의 마케팅 담당자다. 앞으로 회사가 어떤 고객을 늘려야 할지 전략을 논의하게 되었다. 거기서 고객을 다음 네 유형으로 분류해 중요도가 높은 고객 상을 결정하기로 했다.

손님 A: 가게에 처음 왔는데 갑자기 고가의 쇼핑을 한다.
손님 B: 가게에 여러 번 왔는데 드디어 첫 구매, 그 금액은 고액이다.
손님 C: 가끔 가게에 오며 그때마다 반드시 소액의 쇼핑을 한다.
손님 D: 가게에 여러 번 왔고 그중 몇 번은 소액의 쇼핑을 한다.

구입액, 방문 횟수, 구입 횟수 등의 숫자는 있지만 네 유형의 고객을 어떻게 평가하면 좋을지 알 수 없다. 논의도 의견이 달라 평행선을 달리고 있다. 당신이라면 어떻게 이 회사의 '가장 중요한 고객 상'을 골라낼 것인가? 정답인지 아닌지는 문제가 아니다. 골라내는 방법론이 중요하다.

이 문제에는 숫자가 하나도 나오지 않는다. '이게 정말 수학 문제?'라고 생각할지도 모르지만 이것이야말로 여러분이 업무에서 '사용하는' 수학이다. 이 책을 여기까지 읽은 여러분은 '수학을 사용한다 = 수치화한다'를 이미 알고 있을 것이다.

숫자가 없으면 억지로 숫자를 만든다

자, 그럼 해보자. 평가하는 항목 '구입액', '방문 횟수', '구입 횟수'에 각각 5점 만점으로 점수를 매겨보자. 손님 A는 고액의 쇼핑을 했으므로 '구입액'은 5, '방문 횟수'와 '구입 횟수'는 아직 처음이므로 1이라고 하자. 그런 식으로 손님 A부터 D까지 각 항목의 점수를 정한다.

이 점수를 더해보면 손님 B가 11점으로 최고점을 얻는다. 말하자면 가장 중요한 고객 상은 B라고 결론 내릴 수 있다(〈도표 29-1〉 중 '항목별로 수치화하자!').

여기까지의 생각만으로도 나쁘지 않지만 사실 100점 만점으로 말하면 이 정도는 50점이다.

무엇이 부족할까? 아직 느낌이 팍 오지 않는가? 그럼 한 가지 물어보겠다. '구입액', '방문 횟수', '구입 횟수', 이 세 가지 평가항목의 가치는 모두 같을까? 상품이 화장품이라면 구입액보다 구입 횟수(반복)가 더 중요할지 모른다. 편의점이라면 고객이 얼마나 자주 오는가(방문 횟수)가 관건일 수 있다. 즉 '구입액', '방문 횟수', '구입 횟수'의 중요도에 차이가 있다면 그것도 수치화해버려야 한다.

그럼 이번 경우 방문 횟수가 가장 중요한 평가항목이고 다음으로 구입 횟수, 마지막이 구입액이라고 해보자. 이것도 5단계로 각각 5, 3, 1로 수치화한다. 이처럼 중요도를 수치화하는 것을 '가중치를 둔다'고 한다.

마침내 완성이다. 〈도표 29-1〉과 같이 각 항목에 매긴 점수와 그 항목에 설정한 중요도(가중치)를 곱하고 모두 더함으로써 중요도까지 반영된 점수를 산출할 수 있다.

이번에는 손님 D가 가장 이상적인 고객 상이라는 결론을 얻

〈도표 29-1〉 어떻게 숫자로 바꿔 평가할 것인가?

항목별로 수치화하자!

	손님 A	손님 B	손님 C	손님 D
구입액	5	5	2	2
방문 횟수	1	5	3	5
구입 횟수	1	1	3	3
	7	11	8	10

※ B 손님이 가장 중요한 고객 상

평가항목의 중요도도 수치화하자!

	가중치	손님 A	손님 B	손님 C	손님 D
구입액	❶	5×❶	5×❶	2×❶	2×❶
방문 횟수	❺	1×❺	5×❺	3×❺	5×❺
구입 횟수	❸	1×❸	1×❸	3×❸	3×❸
		13	33	26	36

손님 A = 5×❶+1×❺+1×❸=13

손님 B = 5×❶+5×❺+1×❸=33

손님 C = 2×❶+3×❺+3×❸=26

손님 D = 2×❶+5×❺+3×❸=36

※ 이번에는 D 손님이 가장 이상적인 고객 상

을 수 있다. 가중치를 바꾸거나 각 항목의 점수가 바뀌면 당연히 결과도 달라진다. 학교에서 배운 수학은 정답이 하나였기에 위화감을 느낄지도 모르지만 업무 수학에서는 이 다름에 익숙해져야 한다.

숫자가 없으면 직감만으로 판단하거나 선택하게 된다. 그러나 수치화하면 모호한 상황이 숫자로 이미지화된다. 즉 '가시화'되는 것이다. 결과적으로 합리적이고 누구나 근거를 알 수 있는 선택이 가능해진다. 어느 쪽이 정답인지가 중요한 것이 아니라 '비즈니스 상황에서는 이런 방법을 사용해 선택을 한다'는 점을 반드시 기억해주기 바란다.

여담이지만, 초등학교 4학년 때 첫사랑 여자아이는 당시 나에게 이런 말을 했다.

신타로는 공부는 5점, 스포츠는 4점, 다정함은 4점, 얼굴은 3점일까. 나는 얼굴이 잘생긴 사람이 좋으니까 신타로는 지금으로서는 2등이야. 힘내!

그야말로 가중치에 의한 평가다. 지금 생각하면 역시 여성이 더 어른스럽다는 실감이 든다. 마지막으로 가중치에 의한 평가 방법을 정리했다. 지금 당장이라도 현장에서 써먹을 수 있는 기법이므로 반드시 활용해보자.

〈도표 29-2〉 가중치에 의한 평가법 정리

순서

① 항목의 평가를 점수화한다.

② 평가항목에 가중치를 둔다.

③ 각 선택을 사칙연산으로 하나의 숫자로 변환시키면 합리적인 선택이 가능해진다.

주의점

· 가중치의 수치는 분명하게 차이를 둘 것.

· 가중치를 어떻게 줄 것인지에 대해서는 정확한 방법론은 없다. 현장에서 회의를 하거나 상사가 주관적으로 정하기도 하지만 그래도 상관없다.

30

엑셀로 '상관계수'를 산출하자

데이터끼리의 관련성을 계산하는 방법

업무에서 데이터는 필수불가결한 항목이다. 그러나 하나의 데이터만으로는 진실이 보이지 않는 경우가 많다. 즉 매월의 매출액 추이라는 데이터만 보면 '상승하고 있다', '하락하고 있다' 정도밖에 알 수 없다. 한층 심화된 논의를 하려면 당연히 또 다른 데이터가 필요하다. 거기서 중요해지는 것은 다음과 같은 의문이다.

이 데이터와 저 데이터는 관련성이 있는가?

관련성 없는 데이터는 아무리 많이 준비해도 무의미한 논쟁만 일으키고 잘못된 결론으로 이끌기도 한다.

그러면 관련성을 어떻게 가시화시켜야 할까? 아래 사례를 통해 데이터끼리의 관련성을 계산하는 방법을 알아보자.

〈도표 30-1〉 매출액과 관련이 많은 데이터는 어느 쪽?

다음 데이터는 어느 소매점의 지난주 매출액이다. 매출액에 영향을 미치는 것은 기후와 영업시간 두 가지라는 가설을 세우고 7일 동안의 강우량과 영업시간의 데이터를 추가했다. 어느 쪽이 매출액과 더 관련이 있을까?

지난 일주일간의 매출액

	월	화	수	목	금	토	일
매출액(엔)	1,207,400	1,198,200	1,387,200	1,251,100	1,542,300	2,199,000	1,390,300

지난 일주일간의 강우량

	월	화	수	목	금	토	일
강우량(mm)	3.6	0	0.2	0.5	0	1.4	5.8

지난 일주일간의 영업시간

	월	화	수	목	금	토	일
영업시간(시간)	10	9	10	9	11	11	9

엑셀을 사용하여 '상관분석'을 하면 관련성을 알 수 있다. 상관분석이라고 하면 뭔가 몹시 어려운 느낌이 들지만 결코 그렇지 않다.

상관분석이란 서로 다른 데이터의 관계 정도를 수치로 측정한 것

구체적으로 어떻게 하는지는 이제부터 설명하겠다. 먼저 조사하고 싶은 두 데이터를 엑셀에 입력하고 데이터가 없는 셀 위에 다음 함수를 입력한다.

=CORREL ()

CORREL이란 상관(correlation)을 의미하는 함수로 계산 결과는 -1에서 1까지의 수치가 된다. 이것이 두 데이터의 상관계수다. 앞의 문제로 돌아가서 먼저 매출액과 강우량의 상관계수를 구한다. 또 매출액과 영업시간의 상관계수도 구하자.

결과는 다음과 같다.

매출액과 강우량의 상관계수 = -0.069……

매출액과 영업시간의 상관계수 = 0.715……

〈도표 30-2〉 매출액과 강우량의 상관계수를 구한다

B33 =CORREL(C22:I22,C26:I26)

<데이터> 지난주 일주일간의 매출액

	월	화	수	목	금	토	일
매출액(엔)	1,207,400	1,198,200	1,387,200	1,251,100	1,542,300	2,199,000	1,390,300

<데이터> 지난주 일주일간의 강우량

	월	화	수	목	금	토	일
강우량(mm)	3.6	0	0.2	0.5	0	1.4	5.8

<데이터> 지난주 일주일간의 영업시간

	월	화	수	목	금	토	일
영업시간(시간)	10	9	10	9	11	11	9

-0.069068494 ←매출액과 강우량의 상관계수

〈도표 30-3〉 매출액과 영업시간의 상관계수를 구한다

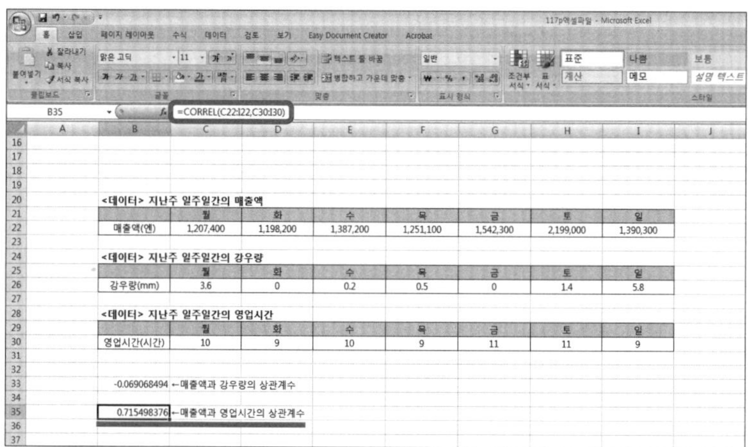

B35 =CORREL(C22:I22,C30:I30)

<데이터> 지난주 일주일간의 매출액

	월	화	수	목	금	토	일
매출액(엔)	1,207,400	1,198,200	1,387,200	1,251,100	1,542,300	2,199,000	1,390,300

<데이터> 지난주 일주일간의 강우량

	월	화	수	목	금	토	일
강우량(mm)	3.6	0	0.2	0.5	0	1.4	5.8

<데이터> 지난주 일주일간의 영업시간

	월	화	수	목	금	토	일
영업시간(시간)	10	9	10	9	11	11	9

-0.069068494 ←매출액과 강우량의 상관계수

0.715498376 ←매출액과 영업시간의 상관계수

그럼 이 결과를 어떻게 해석하면 될까?

· 상관계수가 0에 가까우면 가까울수록 '관계성이 약하다'
· 상관계수가 +1(또는 -1)에 가까우면 가까울수록 '관계성이 강하다'
· 상관계수가 +값을 갖는다 ⇒ 한쪽이 증가하면 다른 한쪽도 증가한다(양의 상관이 있다)
· 상관계수가 -값을 갖는다 ⇒ 한쪽이 증가하면 다른 한쪽은 감소한다(음의 상관이 있다)

즉 이번 문제에서는 다음과 같은 결론이 나온다.

· 매출액과 기후(즉 강우량)는 음의 상관이 있지만 그 관계성은 극히 약하다
· 매출액과 영업시간은 양의 상관이 있으며 그 관련성은 극히 강하다

이렇게 해 다른 데이터와의 관계 정도를 '가시화'할 수 있다. 이 결과로 '오늘은 비가 오니 분명히 매출이 나쁘겠지……'라는 선입견은 버려야 하며, 날씨가 나쁜데도 가게를 찾아오는 사람을 '좋은 손님'이라고 여기고, 그런 손님을 위해 1시간이라도 더 오래 가게를 여는 것이 중요하다는 사실, 그리고 날씨 데이터는

매출 분석에 별로 쓸모가 없다는 것을 알 수 있다.

직장인은 극히 특이한 경우를 제외하고는 사실 어려운 이론이나 분석까지는 할 필요가 없다. 5분이면 할 수 있을 정도의 분석에서 내가 무엇을 해야 하는지를 재빨리 이끌어내는 능력이 필요하다. 정석대로 하자면 구체적인 기법을 설명하기 전에 그 배경이 되는 이론을 알려주는 것이 좋다. 여러분도 왜 상관계수는 -1부터 +1 사이인지, 어떤 계산을 한 결과인지 의문이 많을 것이다. 그러나 이 책은 어디까지나 '써먹을 수 있는' 게 목적이므로 이론 설명은 생략한다. 상관계수는 통계학에서 나오는 개념으로 약간 복잡하다. 흥미가 있는 사람은 통계학 입문서를 읽어보라. 여기서 소개한 기법의 구조를 이해할 수 있을 것이다.

31

과감하게 결정하는 멋진 상사가 되자

확률을 사용하여 '기댓값' 구하기

제3장 마지막에서 업무 수학을 활용하면 '망설이지 않게 된다'고 말했는데 여기서는 그와 관련된 구체적인 예를 소개해보겠다.

우리는 왜 업무 상황에서 '망설이게' 되는 것일까? 비교할 지표가 없기 때문이다. 예를 들면 상품 A가 1,000엔이고 상품 B가 1,100엔인데 둘 다 성능은 완전히 똑같다면 우리는 아무 망설임 없이 상품 A를 선택할 것이다. 금액이라는 지표로 비교할 수 있기 때문이다. 즉 망설이지 않기 위해서는 의사결정을 하기 위한 기준을 만들면 되는 것이다. 그럼 구체적으로 어떻게 하면 된다는 말일까?

확률을 사용하여 '기댓값'을 계산한다

'기댓값이 뭐야?'라고 생각한 사람은 벌써 잊어버렸는가? 제2장에서 소개했다. 하지만 기댓값은 아주 중요한 개념이므로 여기서 다시 한 번 설명하겠다. 어떤 사건이 일어날 확률을 P라고 하고 그 결과 얻어지는 손익을 Q라고 해보자. 이때 우리가 기대할 수 있는 이익(또는 손해)은 P×Q의 계산식으로 나타낼 수 있는데 이것을 기댓값이라고 부른다. 추상적인 설명이므로 다음 문제로 정리해보자.

문제

동전을 하나 던져서 앞면이 나오면 500엔을 받지만 뒷면이 나오면 300엔을 지불해야 하는 게임이 있다고 하자. 이 게임을 한 번 할 때의 기댓값은 얼마일까?

동전이 앞면이 나올 확률 $= \frac{1}{2}$

동전이 뒷면이 나올 확률 $= \frac{1}{2}$

(앞면이 나올 때의 손익액×앞면이 나올 확률)+(뒷면이 나올 때의 손익액×뒷면이 나올 확률)

$$= 500 \times \frac{1}{2} + (-300) \times \frac{1}{2} = 250 - 150 = 100$$

수학을 사용해 합리적으로 생각해보면 이 게임의 기대이익은 100엔이다. '마이너스가 아니니 해봐야지' 하는 사람도 있을 것이고 '기대이익이 겨우 100엔이라니 하지 말아야지'라는 사람도 있을 것이다.

이 기댓값이 업무 현장에서는 어떻게 활용되는지 확인해보자. 지금부터 여러분은 어느 기업의 영업부장이 되어보자.

문제

당신의 회사는 요즘 계속 매출이 떨어지고 있다. 이대로는 안 된다고 생각해 개선책을 검토하고 있는데 선택은 두 가지이다.

선택 ① 내년에는 신상품 A를 개발해서 현재의 시장 X에 출시하자!
선택 ② 내년에는 기존 상품 B로 새로운 시장 Y에 진출하자!

모든 비즈니스 현장에서 자주 나오는 상황이다. 여러분이라면 어떻게 의사결정을 하겠는가? 힌트는 앞의 기댓값을 사용하는 것이다.

나라면 이렇게 생각할 것이다. 먼저 상품이 팔릴지 안 팔릴지는 시장 상황에 좌우된다. 단순하게 생각하면 호황이냐 불황이냐 하는 문제다. 그 개념을 확률로 표현한다. 또 그 상황이었을 때 구체적으로 얼마나 손익이 날지도 숫자로 나타내면 좋다.

여기서도 논의와 예측을 하고 다음 표와 같은 설정을 했다.

		호황	불황
시장 X	확률(%)	50	50
	예측 손익(억 엔)	10	4
시장 Y	확률(%)	60	40
	예측 손익(억 엔)	15	-3

자, 드디어 수학의 등장이다. 선택 ①의 기댓값, 즉 이 전략을 택한 경우 기대할 수 있는 손익은 얼마인가?

10×0.5+4×0.5=5+2=7.0억 엔

선택 ②의 기댓값, 이 경우 기대할 수 있는 손익은 얼마인가?

15×0.6+(-3)×0.4=9-1.2=7.8억 엔

보다시피 기댓값을 비교하면 선택 ②를 택해야 한다.

업무 현장에서는 날이면 날마다 예상 매출이나 예상 이익 등을 대충 계산하고 그것을 비교하면서 회의를 하거나 매출 전략을 세운다. 그러나 그것만으로는 부족하다. 그런 일이 어느 정도의 확률로 일어나는지, 숫자로 알아내는 관점을 더해보자. 그것까지 수치화해서 사칙연산을 하면 의사결정을 하기 위한 명확한 기준을 만들 수 있으며 결과적으로 '망설이지 않고' 의사결정을 하는 사람이 될 수 있다.

이번 사례에 있어서도 선택 ②의 마이너스 3억 엔에 초점을 맞추어버리고 직감적으로 ①을 선택하는 영업부장이 많을 것이다. 그것이 현실이다. 그만큼 마이너스 숫자의 힘이 세다는 뜻이다. 그러나 제2장에서도 말했듯이 숫자 하나하나에 일일이 휘둘려서는 안 된다. 전체를 조망하고 그 선택을 하나의 숫자로 바꿔버리는 것이 중요하다. 그것이 업무 수학이다.

참고로 강연회나 세미나 등에서 이 이야기를 하면 수강자들은 이렇게 묻는다.

"데이터가 없는데 확률을 어떻게 산출하나요?"

당연한 질문이다. 그러나 확률은 어림셈으로 산출해도 상관없다. 무슨 소리냐면 '왠지 이것일 것 같다' 하고 생각한 수치라도 상관없다는 것이다.

이런, 실망한 여러분의 한숨소리가 들려오는 듯하다. 하지만 정말로 이것으로 충분하다. 확률의 정확도를 논하는 것은 쓸데없는 일이기 때문이다. 확률이란 어디까지나 어떤 사건이 일어나기 쉬움을 수치화한 것이다.

> 아무리 확률이 높아도 일어나지 않는 일도 있고,
> 아무리 확률이 낮아도 일어날 때는 일어난다

이것이 진실이다. 생각해보면 너무나 당연하다. 주사위를 여섯 번 던지면 반드시 한 번은 '1'이 나오는가? 결코 그렇지 않다. 주사위의 확률 $\frac{1}{6}$은 확정이 아니라는 말이다. 즉 확률의 정확도에 집착하는 것은 난센스다. 잠정적이라도 괜찮다. 일어나기 쉬움을 수치화하고 합리적으로 선택한다는 '생각'이 중요하다. 당신이 지금 업무에서 뭔가 망설이고 있다면 먼저 기댓값을 계산해보라. 결과가 당신의 망설임을 시원하게 날려줄 것이다.

32

막다른 골목일 때 결론을 부정하기

'배리법' 응용하기

업무 수학을 배우면 망설이지 않게 된다고 했다. 그런 구체적인 예를 하나 더 소개해보자. 앞의 기댓값처럼 수치화함으로써 합리적으로 선택하는 것도 한 방법이지만 전혀 다르게 접근할 수도 있다. 잠시 학창시절로 돌아가 다음 문제를 생각해보라.

문제

'1÷0의 답은 존재하지 않는다.' 이것이 옳다는 사실을 증명하라.

"헉, 증명하라니! 학교에서는 답은 존재하지 않는다는 것밖에 안 배웠는데요."

이런 대답을 하는 사람이 많을 것이다. 분명 존재하지 않는다는 것은 맞다. 하지만 '왜인지를 설명하라'는 질문을 받으면 입을 다물고 만다. 평소 당연하다고 생각하던 것을 설명하라고 하면 난감해지는 경우가 많다. 그럴 때 '배리법'이 위력을 발휘한다.

구체적으로 이렇게 생각하는 것이다. 답이 존재한다고 치고 그 답을 문자 A로 나타낸다. 그러면 이런 식이 성립한다.

$$1 \div 0 = A \quad \rightarrow \quad 1 = A \times 0 \quad \rightarrow \quad 1 = 0$$

어라, 묘한 결과가 나왔다. 1=0? 있을 수 없는 모순이다. 이 결과가 나온 이유는 맨 처음에 1÷0의 답이 존재한다고 가정했기 때문이다. 가정에 반하는 결과가 나왔으므로 1÷0의 답은 존재하지 않는다고 결론 내릴 수 있다.

참으로 논리적이 않은가? 깨달았을지 모르지만 사실은 앞의 제1장에서도 '가정해서 추리하는 방법'으로 이를 소개했다. 이처럼 가정에 반함으로써 진실을 제시하는 방법을 배리법(背理法)이라 하며 수학의 증명에서 빈번히 사용하는 개념이다. 그야말로 '논리적'이라는 느낌이 드는데 과연 실제 직장생활에서도 유용할까 의심스러운가? 그런 걱정은 그만! 이런 상황에서도 배리법은 엄청난 위력을 발휘한다.

문제

당신이 어느 중소기업의 사장이라고 하자. 회사는 해마다 업적이 악화되고 있지만 절대로 존속시켜야 하는 상황이다. 그 때문에 올해 일률적으로 모든 사원의 연봉을 삭감할지 말지 망설이고 있다. 그러나 사내의 이사들로부터 반대 의견도 나온다. 당신은 어떻게 생각하는가?

이럴 때 우리는 '실시해야만 하는 이유'를 찾으려든다. 앞의 1÷0의 문제로 치환하면 '존재하지 않는 이유의 설명'이다. 당연히 미주알고주알 늘어놓아봤자 결론은 나지 않고 회의시간만 한없이 길어진다. 그때 배리법을 사용해보자.

예를 들어 실시하지 않는다고 한다(결론을 부정한다)

→ 인건비는 낮아지지 않은 채로 매출도 더욱 떨어져간다

→ 경영이 더욱 악화된다

→ 회사를 존속시킬 수 없다(엇, 원리원칙에 모순되고 만다)

→ 그것은 곤란하다!(모순의 이유는 결론을 부정했기 때문이다)

→ 그러므로 '실시하지 않는다'는 선택은 잘못이다(반대의견을 부정할 수 있다)

어떤가? 반대 의견, 즉 '연봉을 삭감하지 않는다'를 부정할 수 있었다. 이런 논법으로 상대에게 설명하면 분명히 납득해줄 것이고 당신도 망설임 없이 의사결정을 할 수 있다. 이번에는 이해를 쉽게 하기 위해 간단한 사례로 설명했지만 다양한 비즈니스 상황에서 이런 사고방식을 적용할 수 있다. 여러분의 직장에 이런 발언을 하는 동료나 선배는 없는가?

"자, 예를 들어 ○○○이라고 할까요. 그러면 어떤 일이 일어날까요……."

뭔가 '유능한 사람' 포스가 폴폴 풍기는 발언이다. 이것이야말로 배리법 사고 아닌가. 내일부터 여러분의 직장에 분명 한 명은 있을 '이 사람, 머리 좋네', '일 참 잘하네'라는 생각이 드는 사람의 발언을 귀 기울여 들어보라. 분명히 그 역시 이런 식으로 말하고 있을 것이다.

33

손해 보고 싶지 않다면 '뺄셈'과 '나눗셈'을 정복

'분기점'은 어떻게 파악하느냐가 중요하다

제2장에서 '분기점'을 모르면 손해본다고 이야기했다. 한 발 더 나아가 '뺄셈과 나눗셈을 활용한, 비즈니스에서 손해를 보지 않기 위한 사고 방법'을 익혀보자. 다음 두 상황을 비교해보자.

A: 당신의 10년 후 저축액은 지금보다 500만 엔 늘어난다

B: 당신의 저축액은 앞으로 1년에 50만 엔씩 늘어난다

10년 후에 500만 엔 늘어난다는 결론은 같다. 그러나 진실의 깊이가 다르다. 여러분도 느꼈겠지만 B가 훨씬 자세한 사실을 파악할 수 있는 정보다. 당연히 업무 현장에서도 A보다는 B

와 같은 정보가 고맙고 '쓸모 있다'. 이것을 비즈니스에 활용하면 과연 어떻게 유용할까?

문제

인터넷 상점을 운영하는 한 회사에서는 웹에 올릴 상품 사진을 한 장당 1,000엔에 업자 M에게 위탁하고 있다. 그런데 다른 업자 N이 일 개월당 고정비 15,000엔에다 한 장당 400엔의 서비스를 시작했다. 이때 당신이라면 어떤 방법으로 위탁처를 선택할 것인가?

아마도 다음과 같이 분기점을 구하고 의사결정을 하는 사람이 많을 것이다.

이 회사의 촬영 의뢰 장수를 x라고 하면 각각 드는 비용은

M: $1{,}000 \times x = 1{,}000x$

N: $15{,}000 + 400 \times x = 15{,}000 + 400x$

양쪽이 일치할 때의 x가 정확히 분기점이 되므로

$$1{,}000x = 15{,}000 + 400x$$

$$600x = 15{,}000$$

$$x = 25$$

즉 손익을 결정하는 분기점은 일 개월당의 촬영 장수가 25장보다 많은가 적은가이다.

흠, 아주 훌륭하다. 딴죽을 걸 여지가 없는 해답이다. 여러분이 학생이었다면 100점 만점이다.

그러나 이것이 직장인의 답이라면 유감스럽게도 100점은 못 주겠다. 왜일까? 이유는 이것이다.

그렇다면 한 달 촬영 장수가 23장이라면 어느 정도의 손해(또는 이익)가 발생하는가?

이 질문까지 곧바로 대답할 수 있는 사람이 100점이다. 하지만 당황하는 사람이 더 많을 것이다. 이쯤에서 여러분이 깨달았으면 하는 것이 처음에 말한 '저축액 이야기'에서의 A와 B의 차이다. 즉 B는 결론만이 아니라 1년에 50만 엔씩이라는 과정까지 알려준다. 앞에 나온 방정식의 사고방식은 결론은 가르쳐주지만 거기까지다. 문자로 치환해버렸기 때문에 기계적인 계산만 하고 끝이다.

그럼 직장인은 어떻게 생각하는 것이 '정답'일까?

〈도표 33-1〉 분기점을 비즈니스 관점에서 파악한다

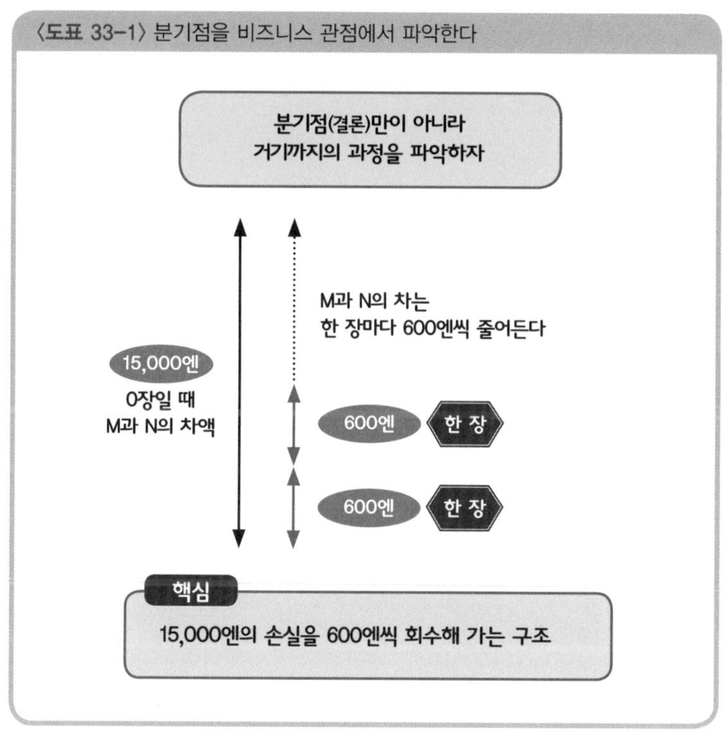

분기점(결론)만이 아니라
거기까지의 과정을 파악하자
M과 N의 차는
한 장마다 600엔씩 줄어든다
15,000엔
0장일 때
M과 N의 차액
600엔
한 장
600엔
한 장
핵심
15,000엔의 손실을 600엔씩 회수해 가는 구조

먼저 한 장도 의뢰하지 않으면 M과 N의 차액은 15,000엔이다

또 둘의 촬영 단가의 차이는 1,000-400=600엔이다

즉 최초 15,000엔이었던 차는 한 장마다 600엔씩 줄어든다

· 2장이라면 1,200엔

· 3장이라면 1,800엔

· 20장이라면 12,000엔

……

분기점은 다음과 같이 계산한다

15,000÷600=25

구체적인 손익의 금액은 장수당 600엔

N플랜을 선택해 한 달 촬영 의뢰 수가 23장이라면 1,200엔 손해, 40장이라면 9,000엔이나 이익

"어, 둘 다 같은 계산을 하고 있잖아. 뭐가 다르다는 거지?"

이렇게 생각할지도 모르겠다. 최종적으로 15,000을 600으로 나눈다는 점에서는 같다. 그러나 방정식을 이용해 기계적으로 풀면 확실히 '분기점'은 구할 수 있지만 알게 되는 사실의 깊이는 아주 얕다. 첫머리에서 말한 예 A에 해당한다. 하지만 후자와 같이 최초의 손실이 얼마이고 그것을 어떻게 '지급'해가는지를 명확하게 알 수 있는 접근법, 즉 뺄셈을 한 다음에 나눗셈을 하는 사고방식으로 구하면 분기점과 흐름이 구체적으로 이미지화된다. 첫머리에서 말한 예 B에 해당한다.

어느 쪽이 비즈니스에서 '유용한 정보'인지는 말할 것도 없다.

실제로 방정식을 모르는 초등학생에게 설명을 한다면 후자를 사용할 것이다. 그 말은 숫자를 읽는 법, 다루는 법의 본질은

후자라는 뜻이 아닐까?

학교 수학에서는 방정식을 사용해서 분기점(교점)만 구하면 '참 잘했어요' 하고 칭찬을 받았다. 지금 생각하면 아주 기계적이고 시시하다. 비즈니스에서는 그것만으로는 부족하다. 제3장에서 이야기했듯이, 업무 수학이란 문제를 '푸는' 것이 아니라 '활용하는' 것이기 때문이다.

34

비용 대비 이익을 보는 한계 구하기

마케팅 계획의 기본은 예산 잡기

이번에는 마케팅 이야기다. 하지만 결코 어렵지 않으며 어떤 회사에서도 반드시 등장할 만한 주제다. 마케팅과는 관련이 없는 업무를 하는 사람이라도 끝까지 읽어주었으면 한다.

회사가 새로운 고객을 끌어들이는 데 필요한 단가, 말하자면 신규 고객 획득 단가는 얼마로 설정하고 있습니까?

강연회나 세미나에서 사람들에게 이렇게 물어보면 놀라운 대답이 나온다.

"논의는 하지만 사실은 정해지지 않았어요."

"어떻게 정하면 좋을지 잘 모르겠어요."

"어떻게 정하면 될까요?"

질문을 더 던져보았다.

"신규 고객에게는 1년 동안 몇 회 구입하게 할 계획입니까?"

"그것도 명확히 정해져 있지 않습니다……."

솔직히 말하면, 그것이 정해져 있지 않은데 신규 고객 획득 단가를 논의한다는 것 자체가 난센스다. 당연히 정하지 못한다. 무엇보다 먼저 그 부분을 명확하게 해야 한다. 그럼 그것이 되어 있다는 전제로 다음 문제를 함께 생각해보자.

문제

평균 구입비가 3,500엔인 통신판매 사이트가 있다. 새 고객에게는 연간 3회 구입하게 할 계획이다. 상품 원가율은 50%다. 이때 신규 고객 획득에는 얼마까지 들이면 될까?

실제 비즈니스 현장에서는 판매 관리비나 기타 비용도 있으므로 이 정도 단순한 구조는 아니지만 여기서는 이해가 목적이므로 단순하게 생각해보자. 먼저 마케팅 비용은 신규 고객 획득과 기존 고객 유지라는 두 가지로 나눌 수 있다. 또 일반적인 규칙으로 아래와 같은 수치가 유명하다.

신규 고객 획득 비용:기존 고객 유지 비용=5:1

물론 어디까지나 일반론이다. 그러나 이런 '비'가 존재한다면 반드시 적극적으로 사용하고 싶다. 제4장에서 이야기했던 것을 기억해보자. 직장인에게 '비'는 구하는 것이 아니라 사용하는 것이다! 이 비로 다음과 같이 비용을 산출한다. 신규 고객 획득에 드는 비용을 '5'라고 하고 반복 구입을 '기존 고객 유지'라고 정의하면 거기 드는 비용은 '1'이다. 즉 3회 구입하면 비용이 합계 '7'이 된다.

신규 획득	5
2회째 구입	1
3회째 구입	1
	7

평균 구입 금액을 3,500엔이라고 하면

구입액의 합계는 3,500×3=10,500엔

원가율 50%이므로 총이익은 5,250엔

따라서 최초 구입 시 들여도 되는 비용은 5,250×$\frac{5}{7}$=3,750엔

즉 신규 고객 획득 단가가 3,750엔보다 높아진다면 1년에 3

회까지 이용한다 해도 '이익이 생기지 않는다'는 말이다. 일반적인 '비'이긴 하지만 이렇게 함으로써 기준을 찾아냈다.

"이런 건 실제 숫자도 아니니까 의미가 없잖아요!"

이렇게 딴죽을 거는 사람이 있을지도 모르겠다. 분명 정밀도는 결코 높지 않을지 모른다. 그러나 다시 한 번 말하지만 애초에 계획 자체가 없다면 이런 초등학교 수학 수준의 어림셈조차 할 수 없다. 아무 마케팅 계획도 없으면서 이런 말을 한다는 건 솔직히 난센스다.

예를 들어 3년간 5회 이용하게 하는 계획이라면 똑같은 계산을 해보자. 여러분의 비즈니스에서 최적의 기간과 횟수를 설정하고, 어림잡아 기준을 산출해봄이 마땅하다. 금액과 실제 신규 고객 획득 단가(이것은 각자 갖고 있는 숫자로 산출할 수 있다)를 비교해보자. 알고 보니 지금까지 손해를 보고 있었다는 사실이 들통나지 않기를 바란다.

이것이 '손해'를 보지 않기 위한 업무 수학의 한 가지 예다.

35

비즈니스에서 얼렁뚱땅 예측은 절대 금지

수학으로 근거를 제시한다

여기서부터는 '설득'이라는 주제를 이야기해보자. '상사를 설득하려면 무엇이 필요할까?'라는 질문에 어떻게 대답하겠는가? 너무 막연한 질문이라고? 그럼 좀 더 친절하게 이렇게 바꿔 말하면 감이 잡힐까?

"지금까지 상사를 설득하지 못했던 경우 무엇이 부족했다고 생각하는가?"

이쯤 되면 여러분 머릿속에서 대충 대답이 떠올랐을 것이다. 그렇다, 부족했던 것은 '근거'다. 특히 미래 예측 상황에서는 근거 없이 숫자를 말해서는 안 된다. 실제 사례를 토대로 여러분도 연습해보자.

문제

벤처기업 A사의 과거 매출은 전년 대비 5%, 10%, 15%, 20%로 계속 증가하고 있다. 올해 매출은 지난해 대비 어느 정도로 예측하겠는가?

'이런 추세라면 올해는 지난해 대비 25퍼센트겠지!'

이렇게 생각한 사람은 미안하지만 빵점이다. 보통 증가가 계속되면 막연히 더 늘어날 거라고 믿게 되지만 학교 수학에서는 정답일 수 있으나 비즈니스 관점에서는 다르다.

사실 잘 생각해보면 너무도 당연한 일이다. 예를 들면 친구가 '내(여성)가 지금까지 사귄 사람은 매번 그 전 남자친구보다 연봉이 높았어. 그러니까 다음에 사귀는 사람도 연봉이 높을 거야' 이렇게 말했다고 해보자. 이게 말이 되는 생각인가? '반드시 그렇다고는 할 수 없다'고 따지고 들 것이다. 그것과 똑같다. 회사 매출이 4년 연속 증가하고 있으므로 앞으로도 증가할 것이라는 논리는 너무도 엉성하다. 누군가 '왜?'라고 따지고 들면 반박할 근거도 하나 없다(뭐, 결과적으로는 25퍼센트 이상 증가할 가능성이 없지는 않지만).

그럼 비즈니스 상황에서는 어떻게 생각하는 것이 정답일까? 먼저 질문의 구조를 바르게 이해할 필요가 있다. 5년 전 매출을 '1'이라고 하면 다음 페이지에 나오는 〈도표 35-1〉과 같은 계산

〈도표 35-1〉 증가하는 방식을 비율로 파악하자

4년 동안 59.39% 늘었다!

5년 전의 매출: 1
4년 전의 매출: $1 \times 1.05 = 1.05$
3년 전의 매출: $1.05 \times 1.10 = 1.155$
2년 전의 매출: $1.155 \times 1.15 = 1.32825$
1년 전의 매출: $1.32825 \times 1.20 = 1.5939$

$$1 \times 1.05 \times 1.10 \times 1.15 \times 1.20 = 1.5939$$

그럼 그 4년 동안의 전년 대비 평균은?

지난 4년 동안의 전년 대비 평균을 x라고 하면……

$$1.5939 = 1 \times x \times x \times x \times x = 1 \times x^4$$

을 해 올해 매출액을 예상할 수 있다.

즉 4년 동안 매출이 통틀어 59.39퍼센트 증가했다는 것이 된다. 거기서 1년 동안의 평균 증가율이 얼마였는지를 구해보자. 증가율은 네 번 등장하므로 증가율을 x라고 하면

$$1 \times 1.05 \times 1.10 \times 1.15 \times 1.20 = 1.5939$$
$$= 1 \times x \times x \times x \times x$$
$$= 1 \times x^4$$

즉 $x^4 = 1.5939$가 되는 x를 구하면 된다. 보는 순간, 그야말로 풀고 싶은 마음이 싹 달아나는 방정식이다. 이럴 때는 도구를 사용하자. 구체적인 방법은 두 가지가 있다.

① 엑셀 함수를 사용한다

= POWER(1.5939,1/4)

1.5939의 장소는 셀을 지정하는 형태라도 상관없다

또는

= 1.5939^(1/4)

② 전자계산기를 사용한다

1.5939를 입력하고 √(루트) 버튼을 2회 연속 누른다

둘 중 하나를 하면 다음 결과를 얻을 수 있다.

약 1.124

즉 과거 네 번의 '전년 대비'에서 산출하면 올해는 전년 매출에서 12.4퍼센트 증가한다는 결론을 얻을 수 있다. 근거 없이 예측한 전년 대비 25퍼센트와는 그야말로 차원이 다른 결론이다. 이는 실제 업무에서 다음과 같은 차이가 되어 나타난다.

NG

당신 : 올해는 지난해보다 25퍼센트 증가한다고 예측합니다. 이유는 해마다 5퍼센트씩 더 성장했으니까요.

상사: 해마다 5퍼센트씩 증가했다고 올해도 5퍼센트 더 성장한다고 보는 근거가 뭔가?

당신 : 그거야 뭐…… 지금은 호황이니까요.

상사: 올해 급하락할 가능성은 없는 건가? 추이만 보고 그런 예측값을 내도 되는 건가?

당신 : …….

GOOD

당신 : 올해는 지난해보다 12.4퍼센트 증가한다고 예측합니다. 5년 전부터의 전년 대비 평균 증가율을 구해보니 이 숫자가 나왔기 때문입니다. 숫자상으로는 우리가 전년의 숫자에서 12.4퍼센트 성장시킬 힘이 있다고 생각합니다.

상사: 그렇군, 5년 전부터의 평균 숫자라면 어느 정도 신뢰할 수 있지. 그래, 그 숫자라면 올해의 목표 매출액에 도달할까?

당신: 아니요, 이 성장률로는 달성할 수 없으므로 지금 당장 새로운 계획이 필요하다고 생각합니다.

상사: 그런가, 서둘러야겠군. 구체적인 안은 있나?

여기서 중요한 것은 예측의 정도가 아니다. 실제로 위의 사례에서도 12.4퍼센트는 어디까지나 합리적으로 산출한 예측값에 지나지 않는다는 전제를 깔고 이야기를 하고 그 숫자가 회사의 목표에 비해 어떠한가 하는 대화를 나누고 있다.

여기서 기억할 것. 예측은 어디까지나 예측일 뿐이다. 그러나 예측에는 반드시 '근거'가 있어야 한다. 그 '근거'는 '촉'이나 '운발' 따위가 아니라 합리적인 방법으로 이끌어낸 것이어야 한다. 누군가를 설득할 힘이 있어야 하기 때문이다. 제3장에서 이야기했듯이 업무 수학을 활용할 수 있는 사람은 설득력이 뛰어나다. 이것은 작은 사례에 지나지 않는다.

참고로 이번에 소개한 x^n=○이 되는 x를 구하는 방법인데, 엑셀을 쓰는 경우는 $\frac{1}{4}$을 적당히 $\frac{1}{n}$로 바꿈으로써 모든 사례의 수치를 구할 수 있다. 그러나 전자계산기는 x^n의 값이 2, 4, 8, 16…… 등 2의 제곱을 구하는 경우에만 (루트) 버튼을 ○회 두드리는 방법을 사용할 수 있다.

이 책은 수학을 비즈니스에서 활용하는 것이 주제이므로 소소한 이론 이야기는 하지 않는다. 이 기법을 좀 더 수학적으로 자세히 배우고 싶거나 이해하고 싶은 사람이라면 인터넷 등에서 조사해보자. '상승평균'이라는 검색어로 찾으면 많은 정보를 얻을 수 있다.

36

시간을 내달라고 요청할 때 숫자를 활용

숫자의 힘을 커뮤니케이션에서도 사용하라

숫자의 힘이란 과연 무엇일까? 물론 숫자로 나타내면 뭔가의 양을 나타내거나, 쉽게 평가할 수 있다. 그러나 궁극의 대답은 이것 아닐까?

누구도 의문을 느끼지 않을 수준까지 구체화할 수 있다

이번 이야기는 그런 강력한 숫자의 힘을 활용하자는 제안이다. 구체적으로는 앞에서와 마찬가지로 업무를 빨리 처리하기 위한 기술이다. 이 말을 들으면 사람들은 대개 개인적인 차원에서의 계산이나 논리적 사고 등의 '수학적'인 것만을 머릿속에 그리는데, 결코 그것만이 아니다. 사람 사이의 커뮤니케이션에서도 숫자는 큰 힘을 발휘한다.

일을 빨리 끝내는 방법은 경우마다 다를 것이다. 내 경험에서 생각해보면 필요한 회의를 필요한 때 빨리 끝내지 못하면 일이 점점 늦어진다. 직장인이라면 누구나 공감할 것이다. 결론부터 말하면 상사나 동료에게 시간을 내달라고 하고 싶을 때 숫자를 사용하자는 말이다. 구체적으로 어느 정도의 시간이 필요한지 명확하게 전달하는 것이다. 예를 들면 이런 식으로 말이다.

"죄송한데 잠깐만 시간을 내주실래요?"

GOOD

"죄송한데 3분만 시간을 내주실래요?"

나는 직장인일 때 대부분 위의 방법으로 상대방에게 시간을 내달라고 요청했다(물론 정말 안 될 때는 안 되었지만). 자, 왜 숫자를 집어넣는 것만으로 상대방의 대응이 바뀔까?

원칙적으로 바쁜 상사나 동료는 '잠깐이 어느 정도의 시간인데?'라고 물어보기도 귀찮다. 또 지금 내가 하고 있는 일을 중단해야 하기 때문에 썩 마음에 내키지 않게 된다. 그러나 당신이 구체적인 시간을 숫자로 말하는 순간 자신이 어느 정도 방해 받을지가 순식간에 계산될 수 있다. '뭐, 3분이라면 허용 범위네'라고 말이다. '아니, 1분까지다'라고 생각하는 경우라면 '지금 정말 바쁘니 1분밖에 시간을 못 내겠는데'라고 대꾸해주게 된다. 그럼에도 대화를 할 시간을 얻어내는 데에는 성공한 것이다.

이처럼 '3분'이라는 목표를 설정해줌으로써 상대방은 행동을 개시한다. 사실 이것은 컵라면과 똑같은 구조다. 아, 물론 내용물이 아니라 시간을 말하는 것이다.

NG

뜨거운 물을 붓고 잠시 기다리시오.

→ 일일이 내용물을 확인하는 것도 귀찮다, 먹지 말자.

잠깐 시간을 내주실 수 있나요?

→ 얼마나 걸리지? 귀찮으니 거절하자.

GOOD

뜨거운 물을 붓고 3분 기다리시오.

→ 3분 후에는 먹을 수 있다, 자, 먹어볼까.

3분만 시간을 내주실 수 있나요?

→ 3분 후에는 지금의 일로 돌아갈 수 있나, 그럼 괜찮겠지.

3분이라는 숫자는 그야말로 누구도 의문을 느끼지 않는 수준의 대단히 구체화된 정보다. 숫자는 비즈니스 상황에서 자주 발생하는 이런 때 위력을 발휘한다는 것을 반드시 기억하고, 적극적으로 그 힘을 사용해보자. 반드시 성공할 것이다.

'잠시만', '조금만', '나중에' 이런 말에 민감하게 반응해 '그냥 지금 구체적으로 정해버릴까요, 열흘 후면 어떻습니까'라며 한 발짝 더 나아가기 바란다. 누군가와 이야기를 할 때 숫자를 집어넣어 말하는 일이 가능해지면 여러분의 업무 또한 빨라질 것이다.

참고로 나는 이 '3분만'으로 예전에 상사나 동료로부터 시간을 얻어냈지만 대개의 경우 3분 이상의 회의로 발전했다. 세상 일은 그런 것이다. 한번 배에 오르면 좀처럼 내릴 수 없으니까. 중요한 것은 어떻게 해서 배에 오르게 하느냐이다.

37

어떻게 일정을 줄일 수 있을까

'병행'시키고 덧셈하기

직장인은 모두 바쁘다. 나도 현재 아주 바쁜 나날을 보내고 있으며, 월급쟁이 시절에는 그야말로 눈코 뜰 새가 없었다. 그렇기 때문에 일을 빨리 할 수 있는 방법이나 기술이 있다면 참으로 고마울 것 같다. 드디어 제3장에서 이야기했던 '비즈니스 수학으로 배울 것'의 마지막, 업무가 빨라지는 기술 이야기다.

우리는 뭔가를 '순서대로' 하는 것이 몸에 배어 있다. 버스나 지하철을 기다릴 때도 줄을 선다. '새치기하지 마세요', '앞사람부터 차례대로 타세요' 등, 늘 순서와 관련된 말을 듣고 산다. 앞사람이 끝나지 않으면 다음 사람은 시작할 수 없다. 나도 모르는 사이에 회사 업무도 그런 감각으로 하고 있지는 않을까? 지

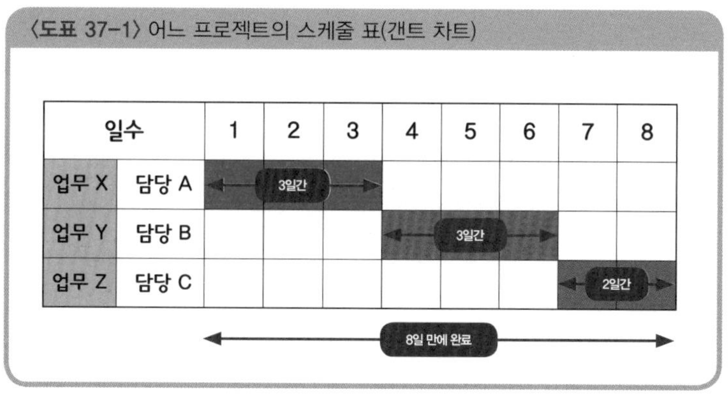

일수
1
2
3
4
5
6
7
8
업무 X
담당 A
3일간
업무 Y
담당 B
3일간
업무 Z
담당 C
2일간
8일 만에 완료

〈도표 37-1〉 어느 프로젝트의 스케줄 표(갠트 차트)

금 당장 업무에서는 차례차례 승차 마인드를 버리자.

구체적인 예를 들어보겠다. 〈도표 37-1〉을 보자. 이 갠트 차트(Gantt chart, 작업 진행 도표, 관리도)를 보고 뭔가 이상한 점을 발견하지는 않았는가? A가 끝나면 B, B가 끝나면 C……. 정말로 이것이 최단 스케줄일까? 내가 상사라면 팀원들이나 아랫사람들에게 이렇게 물어보겠다.

"이 스케줄, 하루 단축할 수 없을까?"

그러면 대개 아랫사람들은 '각자의 업무에 걸리는 시간은 그것이 가장 짧습니다, 이게 최단입니다'라고 대답한다. 뭐, 흔히 있는 일이다. 내가 여기서 문제 제기를 하고 싶은 것은 왜 이토록 순서가 딱딱 정해져 있느냐, 하는 점이다. 정말로 B의 업무는 A의 업무가 100퍼센트 끝난 다음에야 시작할 수 있을까?

이런 경우 '병행'을 만든 다음 덧셈을 해보자.

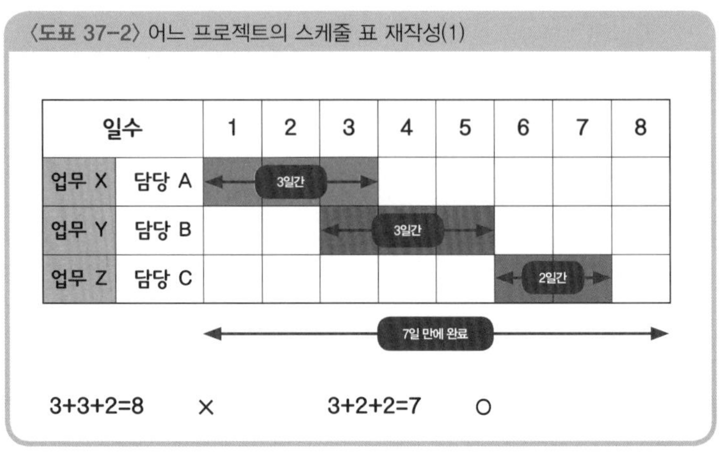

〈도표 37-2〉 어느 프로젝트의 스케줄 표 재작성(1)

그것이 안 된다면 C의 업무는 정말로 A와 B, 두 사람의 업무가 완료되지 않으면 시작할 수 없는지 의심해본다. A의 업무가 끝났다면 그중 일부는 시작할 수 있지 않을까. 그렇게 될 수 있다면 〈도표 37-3〉과 같이 바꿔보자.

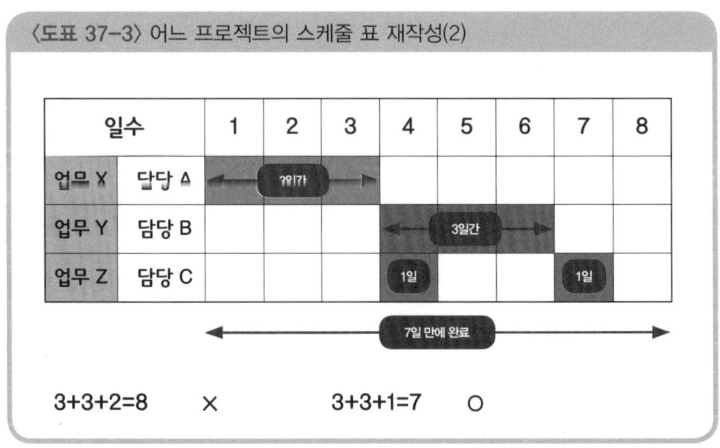

일수
1
2
3
4
5
6
7
8
업무 X
담당 A
업무 Y
담당 B
3일간
업무 Z
담당 C
1일
1일
7일 만에 완료
3+3+2=8 ×
3+3+1=7 ○

〈도표 37-3〉 어느 프로젝트의 스케줄 표 재작성(2)

보다시피 병행을 만듦으로써 기간이 짧아졌다. 모든 공정의 일수는 각각의 일수를 단순히 더하면 구할 수 있다. 그러나 정말로 그것이 최단인지 의심해봐야 한다. 병행을 만들면 덧셈 결과는 줄어든다.

효율적으로 업무를 해치우는 영업맨은 이런 방식으로 일한다. 자신이 외근을 하는 동안 조수에게 필요한 업무를 시키고(병행) 자신은 회사로 돌아와 곧바로 다음 업무를 한다. 병행을 하지 못하는 영업맨은 자신이 외근을 하는 동안 조수를 놀리고 회사로 돌아와서야 조수에게 지시를 한다. 이래서는 업무가 빨리 끝날 수 없다.

여기까지 읽어보면 당연한 말을 한다는 생각도 들 것이다. 그러나 실제 비즈니스 상황에서는 좀처럼 이렇게 하지 못한다. 도대체 왜일까? 답은 이 책의 제1장 '02. 비즈니스의 정답은 하나가 아니다'에 있다. 주어진 숫자를 더함으로써 정답을 얻을 수 있는 교육을 받아온 우리들은 아무래도 3+3+2=8이 정답이라고 생각하는 경향이 있다. 그러나 먼저 해답(7일에도 끝난다)을 정하고 네모 안을 메우는 방식으로 접근해보면 어떨까?

□+□+□=7

어떻게 하면 결과가 7이 될지 생각하게 되고, 그러면 자연스럽게 병행이 떠오른다. 왜 네모를 메우는 수학이 중요한지 알았을 것이다. 수많은 자기계발서에는 '시간은 만드는 것'이라고 씌어 있는데, 이것 또한 수학 사고의 구체적인 방법이다.

38

5분 만에 상사를 설득하는 비법은

탁월한 프레젠테이션의 두 가지 공통점

비즈니스, 설득 같은 단어를 들으면 여러분은 '프레젠테이션'을 떠올릴 것이다. 그러면 연달아 몇날 며칠 낑낑거리며 멋진 자료를 만들고, 많은 청중 앞에서 매끄럽게 이야기를 하고, 끝내면 박수갈채가 쏟아지는 그런 장면이 상상되지 않는가? 하지만 내가 여러분에게 이야기하고 싶은 것은 그런 영화의 한 장면 같은 '프레젠테이션'이 아니다.

직장인들은 위와 같은 순간보다 업무 시간에 상사나 동료를 잠시 붙들고 안건을 설명하거나 업무 관련 보고를 하거나 상담을 하는 상황이 훨씬 많다. 시간으로 따지면 5~10분 정도일까. 그렇다, 우리에게 정말로 필요한 프레젠테이션 능력이란 이것이다.

단시간에

효율적으로

상대방을 설득하는 능력

그때 필요한 것이 바로 숫자와 그래프를 사용한 자료다. 우리는 업무에서 너무나 당연하게 그래프를 사용하는데 과연 올바르게 쓰고 있을까? 〈도표 38-1〉의 그래프는 잘못된 사용법의 예다. 무엇이 잘못되었는지 따져보자.

먼저 종업원 수의 그래프인데 꺾은선그래프는 동일한 항목의 변화를 나타내는 데 사용하는 것이 원칙이다. 다른 회사의 종업원 수와 비교하기에는 적합하지 않다.

다음으로 매출액 퍼센트 막대그래프. 일반적으로 막대그래프는 실수(實數)를 비교하기 위해 사용하며 이처럼 비율을 표현하는 데는 잘 쓰지 않는다. 시각적으로 알 수 있도록 원그래프 또는 하나의 막대그래프로 표현해야 한다.

마지막 원그래프. 분명 연도별로 숫자를 볼 수 있지만 여기서 말하고 싶은 것은 해마다 감소하고 있다는 변화다. 동일한 항목의 변화를 나타내는 꺾은선그래프를 사용하는 것이 좋다.

오해를 불러일으키는 그래프를 보여주면 상대방은 혼란스러워한다. 쓸데없는 설명을 해야 할 가능성이 생긴다는 뜻이다.

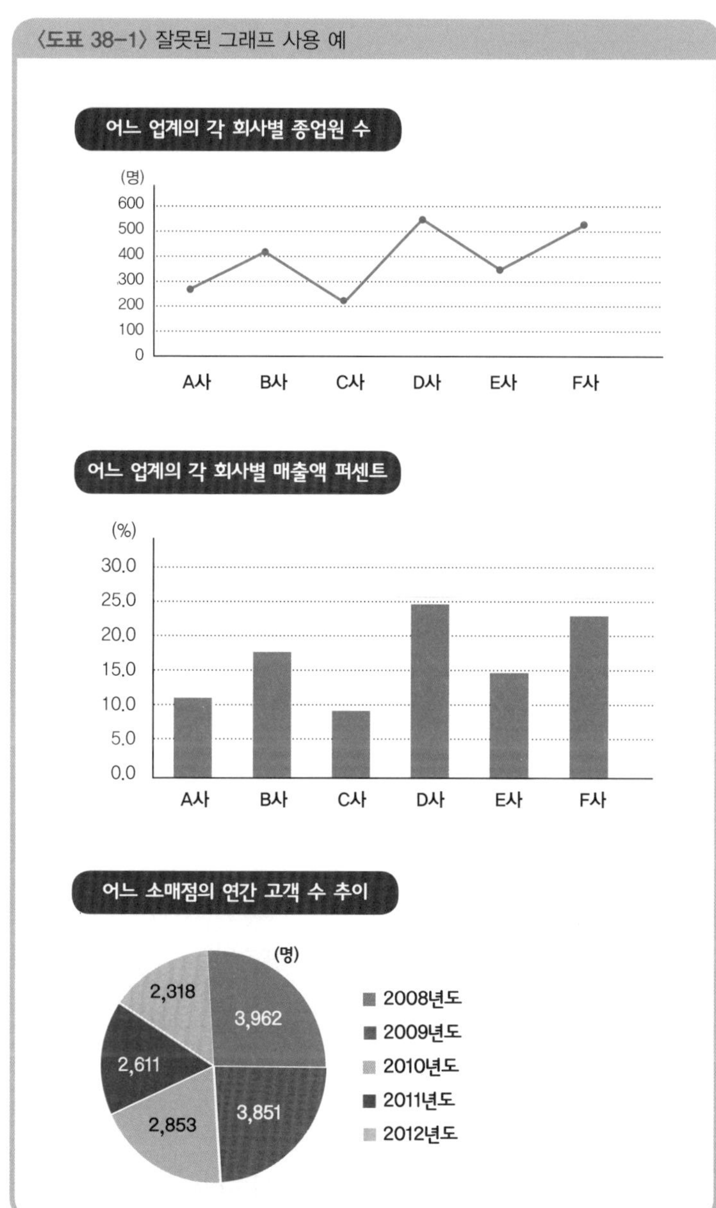
〈도표 38-1〉 잘못된 그래프 사용 예
어느 업계의 각 회사별 종업원 수
(명)
600
500
400
300
200
100
0
A사
B사
C사
D사
E사
F사
어느 업계의 각 회사별 매출액 퍼센트
(%)
30.0
25.0
20.0
15.0
10.0
5.0
0.0
A사
B사
C사
D사
E사
F사
어느 소매점의 연간 고객 수 추이
(명)
2,318
3,962
2,611
2,853
3,851
2008년도
2009년도
2010년도
2011년도
2012년도

그렇게 되면 프레젠테이션 시간이 길어진다. 다시 한 번 기본을 확실하게 알아두자.

원그래프: 비율을 표현하기 위해 사용

꺾은선그래프: 변화를 표현하기 위해 사용

막대그래프: 실수를 표현하기 위해 사용

본론은 여기부터다. 나는 프레젠테이션 전문가는 아니지만, 스티브 잡스의 프레젠테이션을 보고 대단하다고 생각한 점은 그 심플함이다. 좀 더 자세히 말하면 다음 두 가지가 포인트다.

· 하나의 비주얼에는 하나의 메시지만 담는다

· 쓸데없는 정보를 보여주지 않는다

〈도표 38-2〉의 꺾은선그래프를 보면 무엇을 알 수 있는가?

어떤 사람은 '전반부는 숫자가 오락가락하는 걸 보니 안정되지 않았다'는 점에 주목할 것이고, 다른 사람은 '1년을 살펴보면 6월에 숫자가 확 떨어졌다'를 먼저 볼 것이다. 또 어떤 사람은 '전반적으로 숫자가 상승했다'라고 해석할 수도 있다.

이 그래프는 여러 가지 해석이 가능해져버린다. 즉 담겨 있

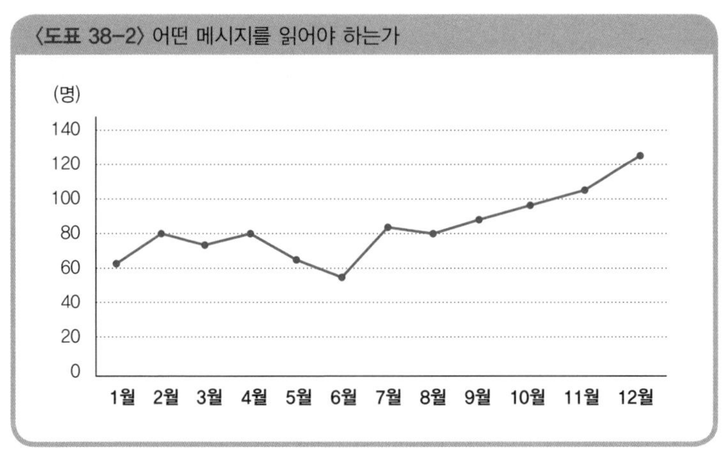

〈도표 38-2〉 어떤 메시지를 읽어야 하는가

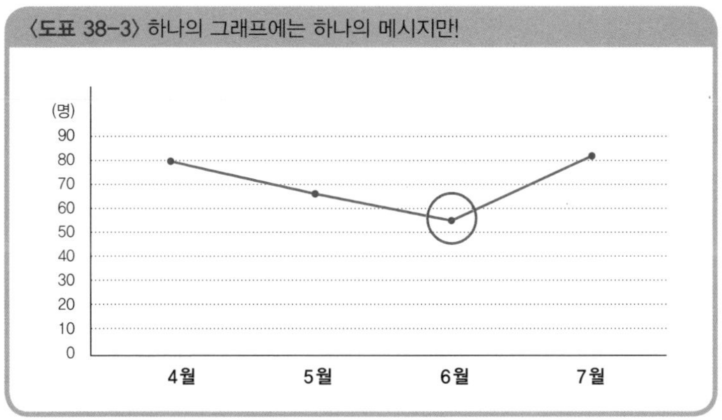

〈도표 38-3〉 하나의 그래프에는 하나의 메시지만!

는 메시지가 여러 가지다. 전달하고 싶은 메시지가 '6월에 감소하고 있다'라면 〈도표 38-3〉과 같이 만들어서 보여줘야 한다. 하나의 그래프에는 하나의 메시지! 반드시 기억하자.

이어서 다음 데이터를 사용해 '간토 지방에 사는 사람들 중

(명)

	홋카이도	도호쿠	간토	주부	긴키	주고쿠 · 시코쿠	규슈 · 오키나와
10대	30	23	47	39	34	16	28
20대	24	18	68	36	56	41	42
30대	18	44	76	57	70	39	44
40대	57	51	44	45	52	41	61
50대	10	19	27	31	40	27	31
60대 이상	5	13	24	11	18	26	18

에는 30대 여성의 비율이 높다'는 것을 프레젠테이션한다면 어떤 그래프를 만들 것인가?

가장 좋지 않은 예가 〈도표 38-4〉 그래프다. 앞에서 말했듯이 메시지가 무엇인지 한눈에 알 수가 없다. 그리고 다양한 연령대의 정보가 있어서 "흠, 홋카이도에는 40대가 많구나" 하고 상대방의 흥미가 다른 곳으로 옮겨가버릴 가능성도 높다. 지금 말하고 싶은 것은 간토 지방의 30대인데 말이다. 그러면 쓸데없는 말이 늘어난다, 즉 프레젠테이션 시간이 길어진다. 이것이 짧은 프레젠테이션에서는 '쓸데없는 정보는 보이지 마라'고 하는 이유다.

주제는 '간토에 사는 사람 중에는 30대 여성이 많다'이므로 간토에만 초점을 맞추면 된다. 그리고 전하고 싶은 메시지는 비율이므로 원그래프를 그려야 한다. 〈도표 38-5〉는 쓸데없는 정보는 최대한 배제해 누가 보아도 한 번에 해석할 수 있는 그래프가 되었다.

여기서 말한 내용은 참신하지도 않으며 사실 누구나 '그런

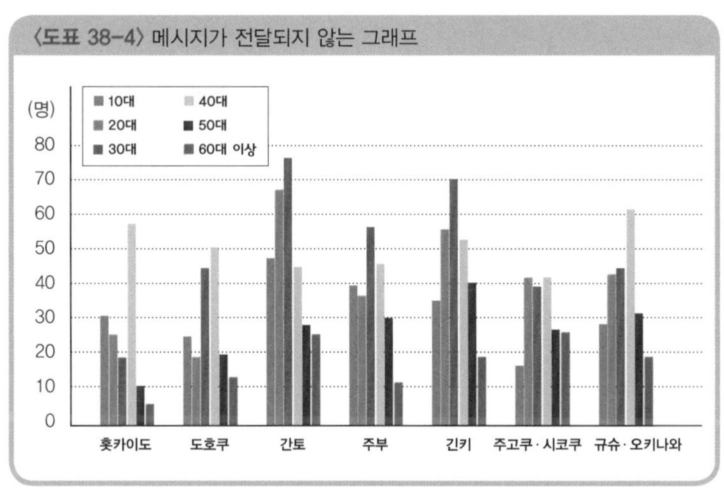

〈도표 38-4〉 메시지가 전달되지 않는 그래프

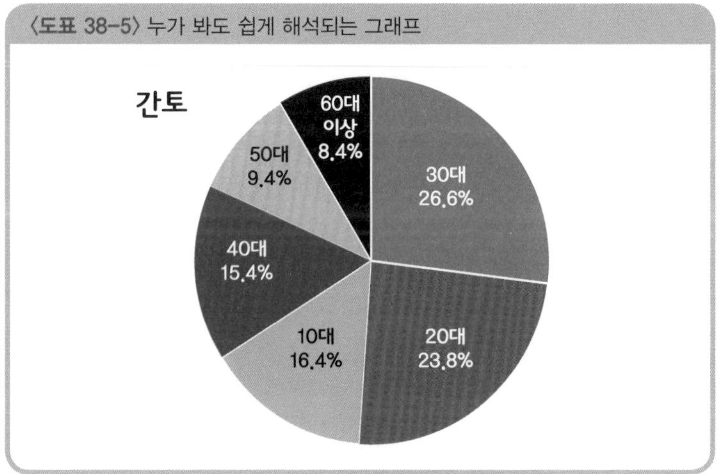

〈도표 38-5〉 누가 봐도 쉽게 해석되는 그래프

건 알고 있다'고 느낄 수 있다. 그러나 실제 현장에는 종잡을 수 없는 그래프가 산재해 있다. 목적이 틀렸기 때문이다. 요즘은 메시지를 전달하기 위해서가 아니라 그래프(자료)를 만드는 것 자체가 목적이 되어버렸다. 일상적인 업무를 처리할 때 설득이나 보고에 쓸데없이 많은 시간이 걸리는 것은 여러분은 물론 상대방에게도 마이너스다. 누구도 행복하지 않다. 상대방을 혼란스럽게 만들지 않고 꼬치꼬치 따져볼 필요가 없는 명쾌한 자료를 만들고, 5분이면 똑 부러지게 설득이나 보고를 끝내는 멋진 직장인이 되어보자.

39

수학은 일과 인생을 바꾼다

내가 '비즈니스 수학' 지도자가 된 진짜 이유

이번 장에서는 실제 여러분이 비즈니스 현장에서 '사용할 수 있는' 방법을 소개했다. 알아차렸겠지만 어려운 이론이나 수학 지식은 거의 필요 없다. 분명 직장에서 사용할 수 있다. 그러나 무슨 일이든 그렇지만 이야기를 듣거나 읽기만 해서는 결코 활용할 수 없다.

현장에서 실천하고

자기 나름의 해석을 덧붙이고

필요하다면 보편화해야

마침내 '내 것'이 된다

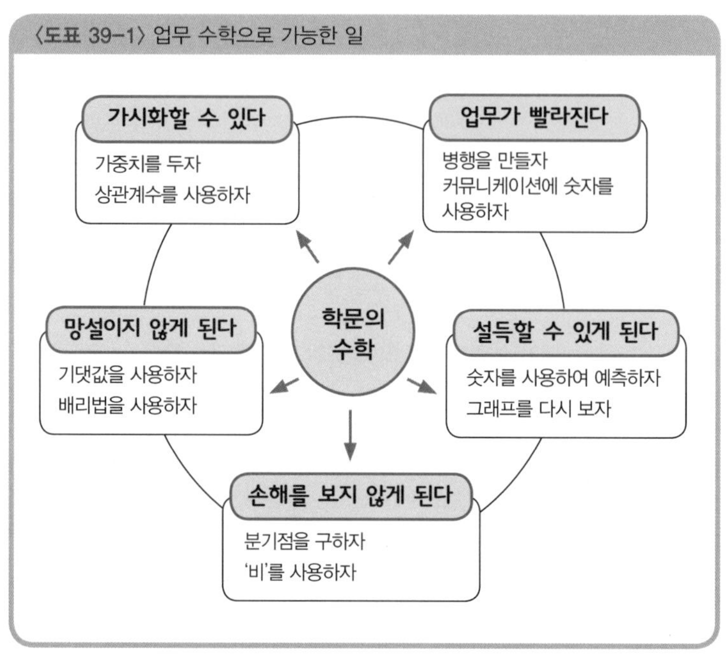
가시화할 수 있다
가중치를 두자
상관계수를 사용하자
업무가 빨라진다
병행을 만들자
커뮤니케이션에 숫자를
사용하자
학문의
수학
망설이지 않게 된다
기댓값을 사용하자
배리법을 사용하자
설득할 수 있게 된다
숫자를 사용하여 예측하자
그래프를 다시 보자
손해를 보지 않게 된다
분기점을 구하자
'비'를 사용하자

〈도표 39-1〉 업무 수학으로 가능한 일

내일부터 반드시 실천해보자. 그 때문에 이 장에서 소개한 내용을 여기서 정리해둔다. 업무 수학을 사용함으로써 가능해지는 것은 전부 다섯 가지. 이 장에서는 각각 두 가지씩 구체적인 테크닉이나 사고법을 소개했다.

마지막으로 내 지인이 했던 흥미로운 발언을 소개하겠다.

"수학은 싫어하지 않았어. 하지만 지금 수학자가 쓴 책을 읽고 싶지는 않거든."

나는 대학과 대학원에서 수학을 전공했다. 그러므로 수학자의 위대함을 안다. 수학자란 내가 아무리 발버둥을 쳐도 도저히 도달할 수 없는 영역에서 새로운 것을 창조하는 사람들이라고 생각하며, 마음 깊이 존경하고 있다. 그러나 한편으로 그들에게는 절대로 불가능한 것이 있다. 여러분과 같은 직장인의 고민을 알고 진정으로 원하는 것을 알려줄 수 없다는 점이다. 이것만은 실제 업무 현장에서 굴러본 경험이 없는 사람은 절대로 불가능하다. 내가 업무 수학 지도자가 된 이유와, 이 책의 존재 가치는 거기에 있다.

실제로 수학의 힘을 사용해 여러분 스스로 업무의 형식과 내용을 바꿔가자. 일이 바뀐다는 것은 인생이 바뀐다는 뜻이기도 하다. 일이 인생의 전부는 아니지만 일이 바뀌면 인생이 바뀌는 걸 부정할 수는 없다.

드디어 마지막 장이다. 어떻게 '바꿀' 것인가? 그 변화를 함께 즐겨보자.

TIP

수학자의 연봉은 얼마일까

앞에서 학창시절에 수학을 잘했냐 못했냐는 사회에 나와 취직을 했을 때의 연봉과는 전혀 상관없다고 했다. 즉 수학을 잘했다고 돈을 더 버는 것은 아니고 중요한 점은 수학과 얼마나 친숙한 생활을 했느냐, 수학적 사고를 얼마나 오랫동안 해왔는가가 핵심이라고 했다. 그렇다면 수학자는 어떨까? 고등학교 때 수험 과목으로 수학을 선택했을 테고 대학, 대학원에 가서도 수학을 전공한 사람들은 과연 얼마나 벌고 있는가?

2014년, 미국의 한 취업 정보 사이트에서 실시한 조사에 따르면 최고의 직업으로 꼽힌 직종이 수학자라고 한다. 주요 직업 200개의 연봉, 작업 환경, 스트레스 요인, 전망의 네 개 부분에 점수를 매겨 종합한 것인데 수학자는 연봉이 높을 뿐 아니라 전망 면에서도 밝은 미래가 보장되어 있다. 또 통계학자, 보험계리사, 컴퓨터시스템 분석가 등이 상위 순위를 차지했는데 이는 고용시장에서 숫자와 데이터를 활용하는 능력이 중시되어 수학 전공자가 가질 수 있는 직업이 늘었다는 의미다.

수학자 출신 중에서 가장 갑부로 알려진 미국 헤지펀드회사 르네상스 테크놀로지의 제임스 사이먼스는 금융시장의 연쇄 반응 틈새를 수학적으로 포착해 큰돈을 벌었다. 2008년 연봉이 무려 25억 달러(2조 5천 억 원

이상)로 2009년에는 미국 27위 부자로 꼽혔다. 어려서부터 수학을 좋아했던 제임스 사이먼스는 MIT를 거쳐 UC 버클리에서 미분기하학으로 박사학위를 따고 MIT와 하버드에서 수학 교수로 재직하기도 했다.

많은 사람들이 수학은 기초 학문으로 실생활에서는 활용될 일이 거의 없다고 여긴다. 그래서 중고등학교 때 수학시간마다 이걸 배운다고 먹고 사는 데 무슨 도움이 되느냐고 불평을 늘어놓는다. 하지만 수학은 먹고사는 데 분명 도움이 된다. 수학 전공자들은 수학이 직접 쓰이지 않는 분야라도 수학을 통해 배운 논리력, 사고력은 여러 업무에 큰 도움을 준다고 말한다. IT업계에서도 빅데이터의 분석과 활용에 많은 수학자들이 활약하고 있고 금융 투자 회사에서는 수학 모델을 바탕으로 분석을 하는 계량분석가로 진출해 있다.

기업이 수학 전공자를 찾으면서 대학 수학과에도 우수한 인재가 몰리고 있다고 한다. 무엇보다 수학 전공자는 아는 게 많은 사람이라기보다 배우고 활용하는 능력이 뛰어난 인재로 꼽힌다.

참고로 미국 취업 정보 사이트에서 조사한 결과에 따르면 꼴찌를 한 직업은 벌목꾼(200위), 신문기자(199위), 직업군인(198위), 택시기사(197위), 방송인(196위)이라고 한다.

출처 – 〈신문 기사〉

6장

최소한의 수학으로 확 바뀌는 업무

40

업무량이 달라진다

하지 않아도 될 일을 정해서 뺄셈을 하자

마침내 마지막 장이다. 지금까지 배운 '업무에 써먹을 수 있는 수학'을 실천하면 일이 어떻게 바뀌는지 이야기하겠다. 첫 번째는 업무의 양이다. 이런 경험을 해본 적이 있는가?

해야 할 일이 너무 많아 헉헉댄다

'내가 지금 딱 그런 상황이에요……!' 이렇게 말하는 사람이 많을지 모르겠다. 내가 문제 제기하고 싶은 부분은 '해야 할'이다. 전략론으로 유명한 마이클 E. 포터는 '전략'을 한마디로 이렇게 표현했다.

무엇을 하지 않을지 정하는 것

개인적으로 좋아하는 말이다. 기업과 마찬가지로 개인의 업무 방식에도 전략이 있어야 한다. 그 전략은 한마디로 '하지 않을 것 정하기'이다.

구체적인 예를 들어보자. 제4장에서 '뺄셈 사고' 이야기를 했다. 거기서 등장한 사례는 중요한 프레젠테이션의 자료 만들기로 매일 늦게까지 열심히 야근했지만 완성된 자료를 본 상사가 '이렇게까지는 필요 없다'면서 양을 줄이라고 지시했다는 것으로 결론은 다음과 같은 뺄셈 사고로 일해야 한다는 제안이었다.

일=있어야 할 프레젠테이션 자료 - 현재 있는 프레젠테이션 자료

이 '있어야 할 프레젠테이션 자료'를 정하기 위해서는 무엇을 할지가 아니라 하지 않을지를 맨 먼저 알아내야 한다. 제5장에서 '프레젠테이션' 이야기를 했는데 그것도 마찬가지다. 멋진 프레젠테이션 자료 만들기가 중요한 게 아니다. 정말로 필요한 것을 확인하고 그것만 간단하게 제시하면 된다. 즉 하지 않을 작업을 정하는 것. 별것 아니라고? 이게 바로 업무의 양을 결정하는 핵심이다.

지금 업무 때문에 '허덕이고' 있다면 해치워야 할 일이 많은 게 아니라 하지 않아도 될 일을 간파하지 못하고 있는 것이다. '말은 쉽게 하지만 그건 이상론이다'라고 반박할 사람이 있을지 모르겠어서 마지막으로 이런 사례를 소개한다.

문제

당신은 밑에 직원을 세 명 둔 매니저인데 갑자기 한 명이 퇴직하게 되었다. 매출을 생각해 후임을 채용할 계획은 없다. 앞으로 남은 두 명으로 일을 처리해야 해 서둘러 인수인계를 하라고 지시했는데, 두 사람 모두 지금 하는 일도 너무 바쁘다. 당신이라면 어떻게 할 것인가?

"어쩔 수 없으니 매니저인 내가 도와줘야죠!"

이것은 최악의 대답이다. 관리자와 실무자는 하는 일이 완전 다르고, 무엇보다 근본적인 문제 해결이 아니다. 상황이 이렇다면 주저 없이 일을 줄일 방안부터 생각해야 한다. 지금까지 세 명의 업무량을 각각 '1'이라고 하자. 합산하면 3이다. 한 명을 빼면 당연히 남은 두 명의 업무량은 1.5씩. 아무리 생각해도 업무 과다다. 이것은 초등학생이라도 알 수 있는 논리다. 그렇다면 여기서 뺄셈을 해보자. 지금까지 세 명의 업무 중에서 하지 않을 것을 정해 업무량을 각각 0.6씩으로 할 수 있다면 합계는 0.6

〈도표 40-1〉 갑자기 C가 퇴직하게 됐다……

BAD

	A	B	C	전체 업무량
지금까지	1	1	1	3
이후	1.5	1.5	0	3

GOOD

	A	B	C	전체 업무량
지금까지	1	1	1	3
뺄셈을 한다	0.6	0.6	0.6	1.8
이후	0.9	0.9	0	1.8

×3=1.8이다. 남은 두 명이서 분담하면 0.9씩. 이 정도면 감당할 만한 업무량이 된다.

'일은 그렇게 수학처럼 딱딱 떨어지지 않아요!'

그렇게 생각할지도 모른다. 하지만 앞에서 쓴 것과 같은 대응을 하지 않으면 어떤 일이 일어날까. 제5장에서 소개한 '배리법'

으로 설명해보자. 업무 과다인 두 명은 당연히 모든 업무를 처리할 수 없다. 무엇을 해야 하고, 무엇은 하지 않아도 되는지 명확하지 않은 상황에서는 우선시해야 할 업무가 늦어질 수 있다. 모두가 어중간해지고 결과적으로 팀 전체의 생산성이 떨어진다. 따라서 뺄셈을 사용해 업무를 줄여야 한다는 결론이 나온다.

우리는 업무량을 줄이는 것에 마이너스 이미지를 갖는 경향이 있다. 그것은 '게으름을 피우는' 것과는 전혀 다르다. 지금 하고 있는 업무, 내일 할 예정인 업무, 정말로 전부 다 반드시 해야만 하는 일일까? 뺄셈으로 생각하기를 배운 지금, 자신의 업무를 돌아보고 획기적으로 바꿔보자.

41

업무일지가 바뀐다

상사가 알고 싶은 것은 그 숫자가 아니다

이번에는 '보고' 관련 이야기를 해보려 한다. 업무일지를 쓰고 있는가? 우연히 어느 기업의 일지를 보게 되었는데 느낀 점이 많았다. 애당초 일지란 무엇을 위해 존재하는가? 당연히 보고를 하기 위해서다. 그럼 무엇을 보고하기 위해 존재하는가? 답은 딱 두 가지로 나뉜다.

① 업무의 종류와 양 보고(무엇을 어느 정도의 시간만큼 했는가)

② 업무의 종류와 진행 보고(무엇이 어디까지 진행되었는가)

유능한 직장인인 여러분은 ②번이 정답임을 알 것이다.

〈도표 41-1〉 A기업의 업무일지

10월 1일

안건 A	3.0(시간)	문제없이 진행
안건 B	2.0(시간)	문제없이 진행
안건 C	1.5(시간)	문제없이 진행
기타 잡무	1.5(시간)	후배의 상담, 청구서 작성, 신규 안건의 미팅 등
계	8.0(시간)	

〈비고〉

야마다 부장님에게 새로운 안건 D의 상담을 받음. 대응 방법에 대해서는 내일 정례회의에서 상담할 것.

오늘의 〈닛케이신문〉에 업계 관련 기사 실림. 신입사원 마쓰모토에게 알려서 공유하게 함.

각 안건은 현재 무난히 진행 중. 문제가 없다면 안건 C는 내일 완료 예정.

이제 위에 사례로 든 한 기업의 일지를 보자. 문제점을 알아차렸는가? 이 일지만 봐서는 진척 상황을 전혀 알 수 없다. '문제없이 진행되고 있다'의 내용을 구체적으로 보고할 필요가 있다는 생각이 들지 않는가?

먼저 그날의 업무에 걸린 시간은 필요 없다. 보고를 받는 상사의 입장에서 몇 시간 동안 했는지는 중요하지 않다. 그들이 알고 싶은 것은 얼마나 진행되었으며, 앞으로 어느 정도면 끝날 것인가이다. 그렇다면 무엇을 해야 할까?지금까지 거듭 말해온 평가를 하기 위한 수법인 '나눗셈'과 '무리하게 숫자를 만든다' 두 가지를 사용해보자.

먼저 업무 각각의 양을 무리하게 '1'이라고 해놓는다. 나눗셈을 하려면 숫자가 필요하기 때문이다. 이어서 그 업무에 걸리는 시간(또는 날짜라도 좋다)을 정한다. 예를 들어 안건 A라면 합계 30시간이면 끝날 업무라고 하는 것이다.

"죄송한데요, 그 안건이 몇 시간이면 끝날 업무인지 알 수가 없는데요."

그건 곤란하다. 계획과 목표가 없다면 업무 자체가 불가능하다. 마라톤 선수는 42.195킬로미터를 ○시간 △분에 달린다는 구체적인 계획이 있어야만 비로소 달리기를 통제할 수 있으며 평가도 가능하다. 반드시 목표 시간을 정하기 바란다.

여기까지 해서 〈도표 41-2〉와 같이 두 개의 숫자를 준비했다고 하자. 이제 나눗셈을 해보자.

먼저 1시간(또는 하루)당 진척률이 산출된다. 예를 들면 안건 A는 1시간 일을 하면 진척은 $\frac{1}{30}$이 된다. 이어서 그날까지 걸린 시간을 계산하자. 안건 A라면 15시간이다. 그 말은 $\frac{1}{30} \times 15 = \frac{15}{30}$가 이날까지의 진척률이 된다. 즉 안건 A는 이날로 딱 50퍼센트 진행되고 있다, 뒤집어 말하면 업무는 절반이 남았다

〈도표 41-2〉 일지를 숫자로 바꾼다

10월 1일		계획		오늘		내일	
	전체 업무량	소요 시간	1시간당 진척률	누계 시간	진척률	누계 시간	진척률
안건 A	1	30	$\frac{1}{30}$	15	$\frac{15}{30}$	16	$\frac{16}{30}$
안건 B	1	10	$\frac{1}{10}$	6	$\frac{6}{10}$	7	$\frac{7}{10}$
안건 C	1	25	$\frac{1}{25}$	20	$\frac{20}{25}$	25	$\frac{25}{25}$
기타 잡무							

〈비고〉

야마다 부장님께 새로운 안건 D의 상담을 받음. 대응 방법에 대해서는 내일 정례 정례회의에서 상담하겠음.

오늘의 〈닛케이신문〉에 업계 관련 기사 실림. 신입사원 마쓰모토에게 알려서 공유하게 함.

각 안건은 현재 무난히 진행 중. 문제가 없다면 안건 C는 내일 완료 예정.

10월 2일		계획		오늘		내일	
	전체 업무량	소요 시간	1시간당 진척률	누계 시간	진척률	누계 시간	진척률
안건 A	1	30	$\frac{1}{30}$	16	$\frac{16}{30}$	19	$\frac{19}{30}$
안건 B	1	10	$\frac{1}{10}$	7	$\frac{7}{10}$	8	$\frac{8}{10}$
안건 C	1	25	$\frac{1}{25}$	24	$\frac{24}{25}$	25	$\frac{25}{25}$
안건 D	1	50	$\frac{1}{50}$	0	0	0	0
기타 잡무							

〈비고〉

새로운 안건 D의 대응을 업무에 추가. 예정 시간은 50으로 설정. 다음 주부터 착수.

안건 C, 시간 부족으로 완료하지 못해 죄송함. 내일 대응하여 오전 중에 완료 예정.

그 밖의 안건은 계획대로 진행 중.

는 것이다. 마지막으로 내일 어느 정도 진행될 예정인지도 기재하면 좋다. 내일 업무일지를 쓸 때 계획대로 진행되었는지 체크할 수 있기 때문이다.

10월 2일의 업무일지를 보자. 안건 C가 계획대로 진행되지 않았다는 것, 그러나 내일은 완료할 예정이라는 것을 한눈에 알 수 있다. 안건 A는 절반가량 진행, 안건 B는 70퍼센트 완료, 안건 D는 미착수라는 구체적인 진척 상황과 내일 어느 정도 진행될 것인지를 파악할 수 있다.

'문제없이 진행되고 있다'는 참으로 편리한 말이다. 하지만 어떻게 보면 얼버무릴 수 있는 말이기도 하다. 숫자와 나눗셈을 사용하여 보고받는 쪽이 알기 쉽게 구체적으로 전달해주자.

이것은 업무의 모든 면에서 필요한 사고방식이다. 지시를 받지 않아도, 직장에 그런 규칙이 없어도, 이런 숫자를 사용한 '보고'를 한다면 상사나 동료는 안심할 것이고 무엇보다 여러분 자신의 가치도 올라갈 것이다. 이렇게까지 명확하게 수치화해버리면 얼버무리기가 통하지 않기 때문이다(웃음).

42

회의가 바뀐다

손익의 사고방식으로 시간을 정하라

지금까지 이야기한 '하지 않을 것을 정한다', '일한 시간이 아니라 진척률로 평가한다'를 업무에 적용시키면 낭비하는 '시간'이 줄어든다. 두 가지 다 근무 시간이 많다는 것이 플러스가 아니라 마이너스로 작용하는 시스템이기 때문이다.

그러나 일은 혼자서 하는 것이 아니다. 아무리 여러분이 야근에 주말 근무에, 혼자서 발버둥을 쳐도 다른 사람 때문에 계획대로 일이 되지 않는 경우도 종종 있다. 가장 좋은 예가 바로 '회의' 아닐까? 나도 회사생활을 할 때 '끝이 보이지 않는, 영원히 끝나지 않는 회의' 경험을 많이 했다. 앉아 있으면서 너무나 시간이 아까웠다. 어떻게 하면 직장에서의 회의를 효율화시킬 것인가.

이 '회의'라는 주제만 가지고도 전문적인 책 한 권이 나올 정도이지만 나는 그 분야의 전문가는 아니다. 그러나 딱 한 가지 여러분에게 제안할 것이 있다.

회의 시작할 때 '○분 안에 끝마치겠습니다'라고 선언한다

실제 내가 시도해본 방법이다. 업무 수학과 관련되어 설명하자면 회의에 '득실' 개념을 도입하자는 것이다. 지금까지 나는 비즈니스에서 손익을 따져보는 사고방식이 중요하다고 말해왔다. 분기점이나 더치페이 문제 등이 그 사례다. 하지만 여기서 생각해야 하는 것은 훨씬 단순하다.

문제

어느 회사는 평균 원가율 65%인 비즈니스를 개발하고 있다고 한다. 사내에서 여섯 명이 출석하는 회의를 할 때 그 회의에 걸리는 시간을 어떻게 정할까? 이 회사의 인건비 평균은 1시간당 3,000엔으로 한다.

여기서도 세세한 설정이나 정확한 계산은 필요 없다. 그냥 '대충' 계산하면 된다. 먼저 회의에는 여섯 명이 참가하므로 1시간에 드는 비용은 대충 계산하면 3,000×6=18,000엔. 2시간 걸

리면 그 두 배, 3시간 걸리면 세 배가 된다.

회사의 목적은 회의를 하는 것이 아니라 구체적인 성과를 올리는 것이므로 이 회의에서 올린 성과를 매출과 총이익으로 정한다. 원가율이 65퍼센트이므로 숫자는 〈도표 42-1〉과 같다.

먼저 이 회의의 성과가 어느 정도인지를 정하자. 예를 들면 회의 내용의 매출이 10만 엔 정도라서 이 회의에 2시간 이상 걸린다면 그만큼 손실이 발생한다. 즉 1시간 만에 끝내야만 한다고 판단할 수 있다(세세하게 몇 시간 몇 분이라는 개념은 여기서는 생략하자).

이 회의의 의제는 매출로 하면 겨우 10만 엔 정도

↓

총이익 3.5만 엔 정도다

↓

이 회의에 2시간이나 걸린다면 그만큼 손실이 생긴다

↓

이 회의는 1시간 이내에 끝내야만 한다

구체적으로 이 회의에서 올려야 하는 성과를 숫자로 명확하게 제시함으로써 시간이 정해지고, 1시간 늘어나면 그것에 비례해서 손실이 18,000엔씩 늘어난다고 하는 회의의 손익 구조까

〈도표 42-1〉 회의에도 비용은 발생한다

(엔)

성과		회의 비용			손익		
매출	총이익	1시간	2시간	3시간	1시간	2시간	3시간
50,000	17,500	18,000	36,000	54,000	-500	-18,500	-36,500
100,000	35,000	18,000	36,000	54,000	17,000	-1,000	-19,000
150,000	52,500	18,000	36,000	54,000	34,500	16,500	-1,500

1시간당 비용	3,000엔
사람 수	여섯 명
평균원가율	65%

지 숫자로 인식할 수 있다. 이 손익 감각을 여러분뿐만 아니라 다른 참석자들과 공유해야 한다. 그러면 회의 중에 아무도 쓸데없는 논의나 연설을 하지 않게 될 것이다. 당연한 일이지만 회의에도 비용이 들어가고 있다. 그럼에도 쓸데없는 연설을 계속하는 사람이 있다면, 당장 '지금 이야기로 ○○○엔의 비용이 발생하고 있는데 총이익을 그만큼 늘릴 수 있는 내용이었습니까?'라고 반박하면 된다. 회의를 시작할 때 이 회의에 걸려도 되는 시간을 선언하는 이유는 바로 그 때문이다.

이처럼 손익을 숫자로 인식하는 관점을 회의에 도입하면 낭비가 없어진다. 구체적으로는 다음과 같다.

· 회의 전에 확실하게 준비하게 된다
· 회의 중에 쓸데없는 논의가 줄어든다
· 쓸데없는 참석자가 줄어든다
· 쓸데없는 회의가 줄어든다

회의는 길면 길수록 참석자의 집중력과 생산성이 떨어진다. 반대로 발생하는 비용은 한없이 늘어난다. '끝나지 않는 회의'가 회사에 얼마나 나쁜지 알았다면 당장 내일부터 여러분 회사의 회의를 바꿔보자.

43

프레젠테이션이 바뀐다

심플한 것이 아름답다

업무 수학을 익히면 '가시화'가 가능하다. 제5장에서 중요도나 상관계수 등으로 정성적인 것이 정량적인 것으로 바뀌면 업무에 좋은 영향을 미친다고 이야기했다. 자, 그렇다면 여기서 질문 하나. '가시화'가 언제 가장 큰 위력을 발휘할까? 직접 분석하고 싶을 때, 뭔가를 선택해야 할 때 당연히 필요하긴 하다. 하지만 가장 중요한 경우는 바로 이때다.

상대방을 설득할 때

즉 프레젠테이션의 장이다. 여기서는 상대방을 설득하기 위해 수학을 어떻게 사용할지를 정리하고, 프레젠테이션을 효율적으로 바꾸는 방법을 이야기해보자.

그런데 비즈니스에서 '가시화'란 무엇일까? '가시화'라는 언어는 아주 폭넓은 의미를 갖고 있다. '누가 보아도 한눈에 알 수 있게 한다'라고 해석하면 데이터를 표로 하는 것도 '가시화'이며 회의의사록도 '가시화'다. 하지만 프레젠테이션에 필요한 '가시화'란 약간 다르다.

기억을 더듬어보자. 제5장에서 등장한 가중치나 상관계수의 공통점은 무엇일까. 정량화하는 것? 물론 그렇지만 또 한 가지를 찾아보면?

하나의 숫자로 표현하고 있다

예를 들면 가중치에 따른 평가라면 선택 상황을 숫자로 변환시킴으로써 무엇을 골라야 하는지 누구라도 알 수 있게 된다. 상관계수 역시 사용할 수 있는 데이터인지 아닌지를 하나의 숫자로 표현한다. 즉 뭔가를 전달하고 그것을 납득시키기 위해 최대한 심플하게 '가시화'하는 것이다.

프레젠테이션에 필요한 '가시화'란

· 하나의 숫자로 보여주는 것

· 한 줄로 보여주는 것

예를 들어 BMI(Body Mass Index, 신체질량지수)라는 비만지표가 있다(〈도표 43-1〉). 신장의 제곱에 대한 체중의 비로 체격을 나타내는 지수다.

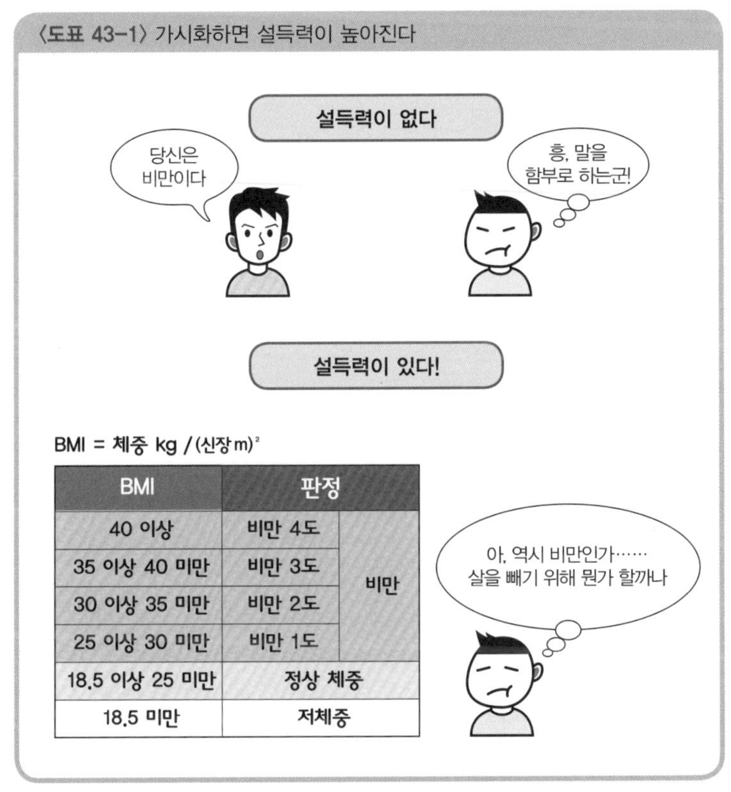

BMI	판정	
40 이상	비만 4도	비만
35 이상 40 미만	비만 3도	
30 이상 35 미만	비만 2도	
25 이상 30 미만	비만 1도	
18.5 이상 25 미만	정상 체중	
18.5 미만	저체중	

〈도표 43-1〉 가시화하면 설득력이 높아진다

이 수치는 '당신은 비만이다'라고 납득시킬 때 엄청난 위력을 발휘한다. 단순한 숫자 형태로 전달하기에 강한 설득력이 생긴다. 아무 근거 없이 그냥 '비만'이라는 말을 들으면 설득되기는커녕 오히려 화만 날 것이다.

비즈니스에서는 이렇게 응용할 수도 있다. 다음 문장은 어느 기업의 경영자가 자사의 경영 체제를 사원에게 프레젠테이션한 내용으로 파워포인트의 슬라이드를 사용해 설명한 것이다.

> **당사의 경영 체제**
>
> 우리 회사에는 세 개의 중요한 기둥이 있으며
> 그것이 상승효과를 낳아야만 한다.
> 가장 중요한 것은 상품 조달 기능을 가진 영업 부문이다.
> 또한 고객 대응 기능을 담당하는 마케팅 부문도 중요하며
> 그것들을 뒤에서 지탱하는 시스템 부문도
> 빠뜨릴 수 없는 존재라고 말할 수 있다.
> 거기에 그 인재를 관리 · 육성하는 미션을 가진 총무 부문이나 지불,
> 입금 관련 일을 하는 경리 부문도 든든하게 뒷받침해주는 중요한 위치이다.
> 사원 여러분, 우리는 전 사원이 일치단결하여
> 회사에 공헌하기 위해 최선을 다해야만 한다!

앞에서 세 개의 기둥이라고 말했는데 부서는 다섯 개가 등장한다……. 결국 어느 것이 중요한 부서인지 알기 어렵다는 생각

이 들지 않는가? 최대한 심플하게 해야 상대방에게 명확하게 전달된다. 이 문장을 한 줄로 표현해보자. 말도 안 된다고? 불가능하다고? 얼마든지 가능하다. 수학의 힘을 사용하면 말이다.

영업과 마케팅과 시스템이 상승효과를 낳도록 연계하자고 말하고 싶은 것이므로 여기는 곱셈 '×'이다. 총무나 경리는 그 밖의 부문을 보완하는 지지대라고 생각할 수 있으므로 각각 덧셈 '+'이다. 나라면 파워포인트의 슬라이드에 딱 한 줄만 적고 나머지는 말로 설명할 것이다.

당사의 경영 체제 = (영업×마케팅×시스템) + 총무 + 경리

예전에 공부한 수학 교과서를 떠올려보자. 수학 공식은 대부분 딱 한 줄로 표현되어 있었다. 간단하기에 머릿속에 한 번에 들어오고, 그것이 옳다고 납득하며 행동(즉 공식을 사용하는 것)할 수 있는 것이다.

내가 하고 싶은 말은 단지 '가시화'하면 되는 게 아니라 역시 프레젠테이션은 상대방을 생각해 최대한 알기 쉽게 제시해야만 한다는 사실이다. 그냥 전달하는 것에 불과했던 지금까지의 프레젠테이션이 어떻게 설득력을 가질 수 있는지 힌트가 되었을 것이다. 반드시 현장에서 활용해보기 바란다.

44

말하는 방식이 바뀐다

현장에서 설명을 잘하는 비법

이 책에서 소개한 업무 수학을 잘 사용하게 되면 말하는 방식도 바뀐다. 구체적으로 논리적이고 알아듣기 쉬운 방식이 된다. 믿을 수 없다고? '수학'과 '말하는 방식'은 전혀 상관없는 것 같지만 사실은 그렇지 않다. 수학은 다음 세 가지 언어를 끊임없이 반복하는 학문이다. 실제로 이 책에서도(표현의 차이는 있지만) 다음 세 가지 언어를 많이 사용하고 있다.

예를 들면,

따라서,

왜냐하면

제5장에서 이야기한 기댓값을 떠올려보자.

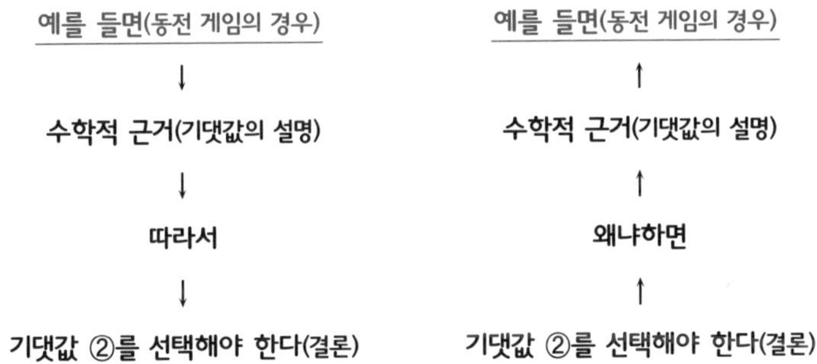

분명히 위의 왼쪽과 같은 논술이 되어 있을 것이다. 이런 흐름을 역행해서 보면 '따라서'를 '왜냐하면'으로 바꿈으로써 오른쪽과 같이 결론을 먼저 제시하는 논술이 만들어진다. 마찬가지로 제5장의 예측값을 산출하는 이야기를 다시 읽어보자.

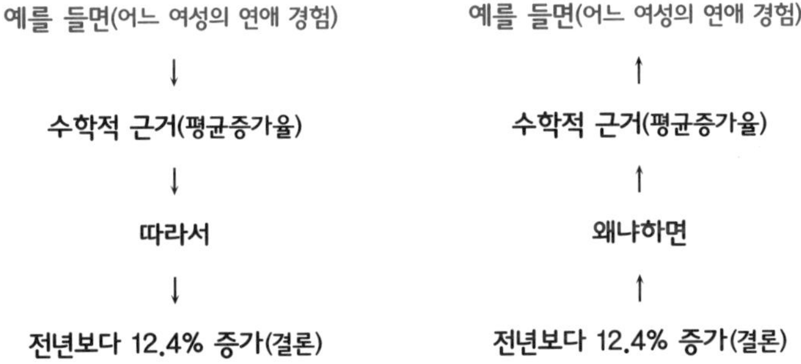

어떤가? 앞의 기댓값과 같은 논술의 흐름이 되지 않는가? 무슨 말이냐면 여러분이 현장에서 업무 수학을 사용할 때는 이 책의 나와 같이 제3자에게 설명하는 상황이 생긴다는 것이다. 그때 '예를 들면', '따라서', '왜냐하면'의 세 가지 키워드를 등장시키고 앞에서와 같은 흐름으로 설명하면 된다. 학생 때는 책상 앞에서 문제만 풀면 끝이었다. 그러나 회사에서는 직장 동료나 상사, 때로는 외부 거래처에 설명하는 경우가 많다. 나 혼자만 알면 끝나는 상황은 결코 있을 수 없다. 이것이 비즈니스 수학을 현장에서 실천하면 논리적이고 알기 쉬운 이야기가 가능해진다는 근거다.

사실 나는 타인과 일대일로 이야기를 잘하지 못한다. 강의하는 내 모습을 본 사람은 믿지 않을지 모르지만 유창하게 말하는, 이른바 '말을 잘하는' 타입은 아니다. 하지만 강연회나 세미나를 하면 청중들로부터 '정중하고 알기 쉽다'는 평가를 받는다. 이야기를 잘 조립해서 하기 때문이다. 어떻게 조립하느냐, 하는 의문에 대한 답이 앞의 '예를 들면', '따라서', '왜냐하면'을 사용하는 것이다.

취업 준비생이나 새내기 직장인들에게도 강의를 많이 하는데 이런 질문을 종종 받는다.

"저는 논리적인 사고나 대화를 잘 못해요. 그러면 역시 안 좋겠죠?"

나는 진지하게 이렇게 대답한다.

"좋지 않아요. 논리적으로 이야기하고 싶다면 수학 학원 강사나 과외 교사를 하세요. 중학교 수준이라도 괜찮으니까요."

직장인 여러분도 마찬가지다. 알기 쉽게 이야기를 잘하는 사람이 되고 싶은가? 그렇다면 지금 읽고 있는 대화술에 관한 책, 논리적 사고를 키워준다는 책을 당장 덮어라. 업무 수학을 현장에서 실천하고 그것을 적극적으로 제3자에게 설명해보자. 당장 눈에 띄는 변화가 생기지는 않겠지만 의식적으로 계속하면 분명히 이야기 방식이 바뀌게 된다.

지금까지는 한 번도 들어본 적이 없던 '○○씨의 설명은 언제나 알기 쉽네요' 하는 칭찬을 듣는 날이 반드시 온다. 그것이야말로 여러분의 말하는 방식이 바뀌었다는 명백한 증거다.

45

인생이 바뀐다

최후의 메시지, 3단논법으로 말한다

지금까지 업무에서 수학을 활용하자는 이야기를 해왔다. 이제 마지막으로 '인생'에 대해 말하고 싶다. 여러분에게 전달하고 싶은 마지막 메시지다.

우리는 직장생활을 시작한 이래, 매일의 생활에서 어느 정도의 시간 비율을 업무에 쏟아붓고 있을까? 여기까지 이 책을 읽어온 여러분은 '모르는데요'가 아니라 잠시 추리를 해볼까, 하고 생각하지는 않을까. 생각만 하지 말고 계산해보자.

학창시절과 퇴직 후를 제외하고 실제로 일하는 연령을 22세부터 65세라고 설정하면 43년. 그동안의 시간은 단순한 곱셈으로 구할 수 있다.

43(년)×365(일)×24(시간)=376,680(시간)

약 38만 시간이라니, 뭔가 확 와닿지 않는다…….

그럼 그동안 일을 얼마나 하는지 생각해보자. 예를 들어 1년의 $\frac{2}{3}$는 일을 하고 있다고 가정하면 $365\times\frac{2}{3}\fallingdotseq 240$일. 하루에 일을 하는 데 쓰는 시간은 출퇴근 시간 등을 고려해 9시간이라고 하자. 그러면 43년 동안 일을 하는 시간은…….

43(년)×240(일)×9(시간)=92,880(시간)

이것도 뭔가 확 와닿지 않는다……. 이제 비율을 구해보자.

$$\frac{92,880}{376,680}=0.24657\cdots\cdots$$

이제 감이 잡히는가. 학교를 졸업하고 정년 등으로 퇴직할 때까지의 우리에게 주어진 시간의 대충 25퍼센트는 일을 하면서 보내는 것이다. 따라서 업무를 변화시키면 여러분의 인생까지 바뀌지 않을까. 지금 하고 있는 업무가 재미있는가? 회사생활에는 충실한가? 사람들에게 감사하고 있는가? 승리의 V자를 그리는 순간이 있는가?

자신 있게 'YES'라고 말할 수 없다면 바꿔보고 싶지 않은가?

이렇게 말하는 나도 지금까지 쭉 일이 즐거웠던 건 아니다. 자세히 쓸 수는 없지만 직장에 다니던 시절에는 자신의 미숙함 때문에 상당히 지독한 경험도 해보았고, 위기의 순간도 많았다. 그런 순간, 나는 무엇에 가장 크게 의지했는지 이제 와서 돌이켜보니 손이나 발이 아닌 바로 '머리'였다. 어거지라고 생각할지 모르지만 위기의 순간 스스로를 구하고 업무를 바꾼 것은 수학을 통해 익힌 '머리를 썼기' 때문이다. 그 결과 나는 인생을 크게 변화시킬 수 있었고 지금 내가 하는 일을 진심으로 즐기게 되었다.

최후의 메시지는 3단 논법을 사용하겠다.

수학을 사용할 수 있으면 업무는 변한다
업무가 변하면 인생은 변한다
그러므로 수학을 사용하면 인생도 변할 수 있다

이것이 여러분에게 하고 싶은 말이다. 그 좋은 예가 후카사와 신타로, 바로 나 자신이다. 여러분도 오늘부터 당장 그토록 싫어했던 수학을 조금씩이라도 업무에 활용해보자. 수학을 멀리하던 시간이 길수록 현재의 당신이 바뀔 가능성도 크다.

이 책을 읽고 업무가 변했다, 인생이 변했다고 하는 직장인이 한 사람이라도 나타난다면 나는 그것만으로도 진심으로 기쁠 것이다.

마지막까지 읽어준 여러분께 고마움을 표한다.

수학을 사용하니
업무가 변하고
인생도 바뀌는구나!

새로운 업무 수학책이 더 많이 등장하기를 바라며

다시 한 번 여기까지 읽어주어 고맙다는 말을 하고 싶다. 마지막으로 이 책이 태어난 이유를 이야기하려 한다.

나는 대학원을 마치고 수학 지도자가 되었다. 그 동기는 '수학을 잘해서', '가르치는 것이 좋아서'로 말하자면 'for me'였다. 그러다 다른 업계에서 10여 년의 비즈니스 경험을 거쳐 지금 다시 수학 지도자가 되었다. 그 이유는 '뭔가에 공헌하고 싶어서', '자신의 전문성으로 누군가를 행복하게 하고 싶어서'로 말하자면 'for you'이다.

어떻게 이런 변화가 일어났을까?

실제 직장생활에서는 수학에서 사용하는 이론이나 감각이 거의 활용되지 않는다. '유능한 직장인은 수학을 잘한다' 같은 말만 공허하게 떠돌 뿐, 하루하루 너무나 바쁘게 혹사당하는 직장인을 위한 구체적인 해결책이 없다.

'뭔가 내가 할 수 있는 일이 있을 거야.'

그렇게 생각하고 새삼스럽게 주위를 돌아보았다. 일본 기업이 고전을 면치 못하고 일본인의 수학 능력이 저하되는 현 상황에서 일부 수학 팬만이 수학 공부를 계속하고, 일단 떨어져 나간 사람은 영원히 안녕이었다. 개인의 삶을 위해서도 사회를 위해서도 그런 일은 결코 있어서는 안 된다.

수학자들은 '이런 것은 수학이 아니다'라고 야단을 칠지도 모르겠다. 수험 지도를 하는 선생님은 '재미있게 가르치는 건 현실적으로 너무 힘들다'라고 말할지도 모르겠다. 그러나 나는 '그럼에도 이런 수학이 있어도 된다'라고 생각한다. 우리나라에는 이런 '새로운 수학'이 훨씬 더 많이 등장해야 한다. 찬반양론이 있어도 좋다. 결과적으로 이 나라의 수학 교육이 충실해진다. 그것이 내 바람이자, 이 책이 세상에 태어난 이유다.

그 결정이 조금이라도 독자 여러분에게 도움이 된다면 저자로서 더 이상의 행복은 없을 것이다. 다이아몬드사 편집부의 편집자에게도 마음으로부터 감사를 드린다.

끝으로, 내 도전을 응원해준 아내와 가족들에게 진심으로 고마움을 전한다.

_후카사와 신타로

수학을 배우는 이유를 알게 해주는 책

학교 다닐 때 수학을 가장 싫어했다. 지금도 숫자만 보면 머리가 아프고, 이제는 사칙연산이 무엇인지도 가물가물할 정도로 수학과 거리가 먼 사회생활을 하고 있기도 하다. 하지만 이 책을 우리말로 옮기면서 수학의 진정한 용도, 정확하게 말하면 '직장생활에서 수학적으로 사고하기', '직장생활에서 수학의 유용성'을 문득 깨달았다. 수학자가 아니라 평범한 사회생활을 하는 직장인에게 진정으로 필요한 수학은 사인, 코사인, 적분, 미적분이 아니라 숫자로 바꿔 근거 만들기, 3단논법으로 말하기 등임을 알았기 때문이다.

첫머리에 등장하는 네모를 채워보는 문제가 책의 전체를 관통하는 주제를 선명하게 암시한다. 선입견을 버리고 창조적으로 사고하기, 그리고 논리적으로 맞춰보기. 창조와 논리. 말은 쉽지만 일상생활에서 익히기는 쉽지 않다. 하지만 이 책은 창조

력과 논리력을 갈망하는 사람들에게 대단히 유용한 길잡이다. 무엇보다도 쉽다. 중학교 수준의 학교에서 수학시간에 배운 기본만 되살리면 아무 무리 없이 술술 읽어갈 수 있다. 그러면서 업무와 수학의 함수관계를 조금씩 깨달으면서 나도 한 번 시도해볼까 하는 결심까지 이끌어간다.

저자가 이끄는 대로 네모 안의 숫자를 창조적으로 채워보기, 학과 거북의 다리 세어보기, 인도식 수학으로 곱셈하기 등, 퍼즐풀이 같은 느낌의 수학 '놀이'를 따라하는 동안 직장인으로서의 자질이 한층 업그레이드된다. 수학을 위한 수학, 천재만이 풀 수 있는 이상한 공식과 도형이 난무하는 책이 아니라 실생활에서 아주 유용하게 써먹을 수 있는 숫자 이야기, 세상에서 가장 쉬운 비즈니스 수학책을 읽어보자. 지은이의 바람대로 아주 가벼운 마음으로, 즐겁게. 그 결과는 분명 해피 엔딩일 것이다.

_위정훈

초판 1쇄 발행 2015년 3월 23일
개정판 2쇄 발행 2019년 9월 3일

지은이 후카사와 신타로
옮긴이 위정훈
펴낸이 이범상
펴낸곳 (주)비전비엔피 · 비전코리아

기획 편집 이경원 유지현 김승희 조은아 박주은
디자인 김은주 이상재
마케팅 한상철 이성호 최은석
전자책 김성화 김희정 이병준
관리 이다정

주소 우) 04034 서울특별시 마포구 잔다리로7길 12 (서교동)
전화 02) 338-2411 | **팩스** 02) 338-2413
홈페이지 www.visionbp.co.kr
인스타그램 www.instagram.com/visioncorea
포스트 post.naver.com/visioncorea
이메일 visioncorea@naver.com
원고투고 editor@visionbp.co.kr

등록번호 제313-2005-224호

ISBN 978-89-6322-139-7 03320

· 값은 뒤표지에 있습니다.
· 잘못된 책은 구입하신 서점에서 바꿔드립니다.

이 도서의 국립중앙도서관 출판시도서목록(CIP)은 서지정보유통지원시스템 홈페이지(http://seoji.nl.go.kr)와 국가자료공동목록시스템(http://www.nl.go.kr/kolisnet)에서 이용하실 수 있습니다.(CIP제어번호: CIP2018037683)